E. DE RENTY

L'Europe Noire

PARIS
Henri CHARLES-LAVAUZELLE
ÉDITEUR MILITAIRE
10, Rue Danton, Boulevard Saint-Germain, 118
MÊME MAISON A LIMOGES

1913

L'EUROPE NOIRE

E. DE RENTY

L'Europe Noire

PARIS
Henri CHARLES-LAVAUZELLE
ÉDITEUR MILITAIRE
10, Rue Danton, Boulevard Saint-Germain, 118
MÊME MAISON A LIMOGES

1913

OUVRAGES DU MÊME AUTEUR

Les Chemins de fer coloniaux en Afrique :

I. — Colonies allemandes, portugaises et italiennes.............................. 1 volume.
II. — Colonies anglaises et Congo belge....... —
III. — Colonies françaises.................... —

Ouvrage couronné par l'Académie française.

Essais d'histoire africaine : La Rhodesia 1 volume.

L'Angleterre en Afrique.............. .. —

INTRODUCTION

Dans un numéro du *Cri de Paris*, paru après la signature des conventions franco-allemandes du 4 novembre, un auteur colonial humoristique avait dessiné une carte de l'Afrique de demain. Le continent noir y était divisé en trois zones : l'une, française, au nord et au nord-ouest, comprenant tout le bassin du Niger et le Maghreb; l'autre, allemande, à l'ouest, englobant tout le bassin du Congo et s'étendant le long de l'Atlantique jusqu'aux limites méridionales du Sud-Ouest africain allemand; la troisième, anglaise, absorbant toute la partie orientale du nord au sud, du Caire au Cap, avec les bassins du Nil et du Zambèze.

Cette conception d'un pince-sans-rire est peut-être loin des réalités présentes, mais elle synthétise assez les aspirations de ces trois grandes nations qui sont la France, l'Allemagne, l'Angleterre.

Sans doute, si l'on consulte la carte d'Afrique, on y constate un enchevêtrement extraordinaire de colonies appartenant à différentes nations. Les vieux peuples, autrefois puissants, qui avaient abordé ces rivages inhospitaliers dès l'origine de l'Afrique connue, ont encore de vastes territoires qui s'allongent négligemment le long des océans; ils se sont formés autour de comptoirs jadis prospères; mais ces territoires végètent parce que la mère-patrie s'est en partie atrophiée, a perdu la force et, avec elle, le prestige. Elle ne peut plus infuser un sang nouveau à ces puissants domaines, ou, si elle le fait, c'est en s'appuyant sur les étrangers et sur leurs capitaux. Lors du partage de l'Afrique, qui a commencé il y a une quarantaine d'années, on a respecté en partie les droits acquis, on a reconnu les droits obtenus par ceux qui, comme les Belges, ont eu la divination de l'avenir africain. En sera-t-il toujours de même ?

Depuis quelque temps se dessine un rajeunissement très net de l'initiative coloniale chez les anciennes nations qui sont devenues fortes, en même temps que, chez les peuples récemment arrivés à leur complet développement, existe un courant intense d'expansion extérieure.

Ces phénomènes sont dus à diverses causes. Le besoin de produire, de s'ouvrir des marchés pour écouler les produits fabriqués ou acquérir à meilleur compte les matières premières est une des conditions essentielles des nations modernes outillées pour les progrès scientifiques. Il faut vivre, vivre à outrance; pour les peuples comme pour les hommes d'aujourd'hui, on ne peut plus se contenter de vivre chez soi, par soi : il faut vivre de l'extérieur, par l'extérieur.

De plus, le monde entier étant devenu, par suite de la facilité et de la rapidité des communications, le vaste champ des aspirations économiques des peuples, il faut à ceux-ci, sur les routes suivies, des points de relâche, des points d'appui et souvent, autour de ces derniers, des territoires, des hinterlands. Toute grande puissance digne de ce nom doit donc avoir chez elle une force de terre et de mer la plus importante possible, un outillage industriel et commercial très perfectionné et, au dehors, des colonies, des protectorats, des marchés répartis sur toute la surface de la terre. Comme on le voit, le train de maison des grandes puissances est des plus considérables.

C'est ainsi qu'on a vu, ces dernières années, l'Angleterre ajouter à son domaine colonial, déjà considérable, de nouveaux territoires. L'Allemagne a suivi ce mouvement, et, maintenant qu'elle est bien armée à tous points de vue, son appétit augmente. La France, après s'être vue dépouillée d'un domaine colonial important, s'est remise à la tâche avec une persévérance inouïe et, en quarante ans, a reconstitué un empire merveilleux, trop merveilleux peut-être pour ses moyens d'action. Les Etats-Unis, eux-mêmes, sont entrés dans la voie de l'expansion extérieure et ont ravi à l'Espagne défaillante les plus beaux fleurons de sa couronne coloniale. L'Italie aussi, qui aspire à suivre les traces de son alliée l'Allemagne, a mordu à l'Afrique avec un enthousiasme juvénile. La Belgique, dirigée par un grand souverain, a su conquérir, malgré la modicité de ses ressources, un royaume incomparable dans le bassin du Congo.

Tout ce qui restait de terres disponibles a été pris, partagé, et ceux qui rêvent grand n'ont désormais qu'une seule ressource : s'appuyant sur la force, dépouiller le faible ou le timide. Cette théorie, que l'humanité repousse mais que la lutte pour la vie oblige à appliquer, devient de jour en jour plus en honneur. Mais son caractère se modifie : elle se fait plus brutale, les formes ne sont même plus respectées. On se croirait parfois revenu aux premiers siècles de notre ère, alors que ces barbares lointains, poussés des extrémités du monde par leur instinct migrateur, brisant les barrières fragiles de l'empire romain en ruines, venaient s'installer à l'endroit qui leur plaisait. C'est que la nécessité d'exister est plus forte que les conventions, plus forte aussi que la pitié de nos âmes. Malheur à celui qui ne peut plus se faire respecter ! L'avenir est aux peuples de proie.

L'Afrique, nouvellement découverte, qui recélait dans ses forêts profondes, au sein de ses montagnes, dans le lit de ses fleuves. tant de richesses merveilleuses, devait, plus que toute autre partie du monde, attirer les convoitises des peuples. C'était un pays tout blanc sur les cartes, il y a encore quarante ans; maintenant, ce continent est dépecé, cloisonné, les chemins de fer y circulent, les cinématographes y prennent des vues, et ce n'est qu'un début.

Mais ce partage hâtif, fait entre gens âpres au gain, fut mal compris, mal combiné, et déjà rôdent autour de ce continent africain des envahisseurs nouveaux cherchant les points faibles pour s'y installer, cherchant les pays riches, mais insuffisamment tenus, pour s'en emparer. Chaque année, c'est une guerre nouvelle qui se déchaîne sur le continent noir. L'Egypte, le Soudan, Madagascar, le Matabéléland, le Transvaal et l'Orange, le Dahomey, la Tunisie, le Maroc, l'Abyssinie, la Tripolitaine, ont été, tour à tour, le champ clos des luttes envahissantes. Quels seront ceux de l'avenir ? Peut-être se battra-t-on désormais en Europe à cause de l'Afrique !

Cependant, il ne faudrait pas croire que les nouveaux conquérants de l'Afrique n'ont fait qu'envahir le pays, comme les négriers d'autrefois. Ils ont amené avec eux leur civilisation et, de contrées inhospitalières et sauvages, ont fait des pays fertiles et policés. Chaque jour marque un nouveau progrès. La locomotive, l'agent civilisateur par excellence, accompagne le cours du Nil jusqu'au centre de l'ancien royaume du Madhi; elle réunit l'océan Indien aux grands lacs équatoriaux; elle franchit le Zambèze aux chutes célèbres de Victoria et pénètre en plein centre africain au Katanga; elle donne au Congo accès sur la mer et va au cœur du Soudan français chercher le riz qui croît aux abords de Tombouctou la mystérieuse, en marge du grand désert.

Mais ce n'est pas tout. Là où existaient les solitudes, l'homme a fouillé le sol, capté l'eau et créé la végétation; il a sondé les entrailles de la terre et en a extrait les minéraux précieux ou utiles; il a dompté ces fleuves indomptables et les a asservis pour donner au continent noir la lumière et la force; il a pénétré les forêts, domaine des grands fauves, et les exploite; il a rendu à la terre inculte le rôle qu'elle doit jouer vis-à-vis de l'humanité et, au lieu de ronces et d'épines, il lui fait produire d'abondantes moissons.

Quant aux peuples sauvages qui habitaient l'Afrique et vivaient misérables dans la crainte du hideux traitant, il leur a donné le plus grand bienfait, la liberté, et leur a rendu l'espoir.

Voilà ce qu'a fait l'Europe africaine, l'Europe Noire ! Mais pour arriver à ce résultat magnifique, les peuples ont conquis suivant leur tempérament, organisé suivant leur méthode, civilisé suivant les aspirations de leur âme nationale. C'est ce que nous allons essayer d'étudier à grands traits.

L'EUROPE NOIRE

I

L'ANGLETERRE EN AFRIQUE

En Afrique, comme dans tous les autres pays du monde, l'Angleterre a suivi une ligne de conduite bien définie et qui répondait toujours aux nécessités de son existence. Puissance essentiellement maritime et commerçante, il lui faut d'abord la maîtrise des grandes lignes de navigation mondiale, et ensuite des territoires fertiles qu'elle s'efforce de modeler à son image, en lui donnant le maximum de libertés, afin de les attacher à la mère-patrie. Ainsi elle conserve libres ses voies de communication et acquiert des marchés où les produits anglais jouissent d'un traitement privilégié. Elle peut donc continuer, sans à-coups et sans heurts, son développement historique : rester en Europe une sorte d'arbitre des destinées des peuples et dans le monde la puissance qui rayonne partout où il y a une affaire à traiter, un marché à conclure.

Lorsque l'Angleterre se fut emparée des Indes, elle voulut jalonner la route de ses navires par des ports de relâche. Quelques comptoirs établis sur les côtes de la Gambie, de Sierra Leone, de la Gold Coast et l'île Sainte-Hélène, occupée en 1673, remplirent tout d'abord ce rôle. Puis ce furent l'île de l'Ascension (1815), Cape-Town enlevé aux Hollandais au début du xxe siècle, l'île Maurice et les Seychelles (1815), enfin le territoire d'Aden (1839). Ainsi l'Afrique se trouvait encerclée et l'Angleterre pouvait dominer les mers qui la baignaient.

Lorsque le percement de l'isthme de Suez détourna la route des Indes, les Anglais aussitôt s'assurèrent de nouveaux points d'appui. En dehors de Gibraltar, conquis en 1704, et de l'île de Malte, cédée en 1800, ils s'approprièrent l'îlot de Perim en 1857, l'île de Chypre en 1878, le British Somaliland en 1884. Enfin, l'Egypte et le Soudan égyptien sont maintenant, sinon en droit, du moins en fait, complètement possessions anglaises. La Méditerranée et la mer Rouge devenaient, par le fait même, une voie maritime solidement étayée et puissamment défendue. L'Angleterre avait acquis, par sa prévoyance et son esprit de décision, une sécurité des plus grandes pour ses relations mondiales.

Mais un autre problème allait bientôt se poser, problème dont la solution a occupé, pendant les dernières années du xixe siècle et encore de nos jours, les chancelleries des puissances européennes. L'Afrique, si longtemps inviolée, allait attirer les convoitises des peuples en mal d'expansion coloniale. Pour l'Angleterre, il s'agissait non seulement de participer à la curée du continent noir, mais encore de jeter les bases d'un nouvel et grand empire colonial dans le cas, toujours à prévoir, où ses royaumes d'Asie lui échapperaient. Dès que l'attention de l'Europe fut appelée sur l'Afrique, à la suite des voyages de Livingstone et de Stanley, l'Angleterre ne fut pas la dernière à réclamer sa part. Partout elle éleva ses prétentions, elle s'infiltra partout, arrachant de-ci de-là, en suivant un plan bien défini, un lambeau de territoire, soit par la force, soit par la diplomatie, arrondissant chaque jour son domaine, maintenant immense, et songeant encore à l'arrondir.

En trente ans, les conquêtes de l'Angleterre portèrent son empire colonial africain à près de 9 millions de kilomètres carrés, peuplés de 50 millions d'habitants et ayant un mouvement commercial de 100 millions de livres, soit 2 milliards et demi de francs. Tel est le bilan de l'action anglaise en Afrique, au cours de ces dernières années.

Ces colonies importantes sont groupées dans trois régions bien distinctes :

L'Est africain, comprenant l'East Africa Protectorate, l'Uganda, Zanzibar, le Somaliland, auquel il faut rattacher l'Egypte et le Soudan. Cet ensemble se développe tout le long du cours du Nil, dont il embrasse l'immensité depuis son embouchure jusqu'à ses sources, à l'exception de celle qui sort des hauts massifs abyssins.

Le Sud africain, groupe des plus importants, qui s'étend depuis le Cap jusqu'à l'origine du Congo et au lac Tanganyika, où l'Angleterre songe à créer un royaume puissant, comparable par sa richesse, son étendue, ses destinées à l'empire des Indes. Il se compose de huit colonies dont quatre : le Natal, le Transvaal, l'Orange et le Cap se sont réunies pour former l'Union sud-africaine, et quatre autres : la Rhodesia, le Basutoland, le Bechuanaland et le Nyasaland, sont encore autonomes, en attendant de rentrer dans l'Union.

L'Ouest africain, situé dans le bassin du Niger, ne constitue pas, comme les précédents, un domaine compact, mais est formé par des colonies fondées autour des comptoirs anciens jalonnant la route des Indes ou groupées aux débouchés du grand fleuve noir. Il comprend la Nigeria encadrant le cours inférieur du Niger, la Gold Coast, la Sierra Leone et la Gambia qui s'échelonnent le long des côtes du golfe de Guinée ou de l'océan Atlantique avec des hinterlands plus ou moins importants.

Enfin, autour de l'Afrique, l'Angleterre possède un certain nombre d'îles autrefois très utiles comme points d'appui de la flotte militaire ou commerciale; ce sont : l'Ascension, Santa Helene, Mauritius, les Seychelles. Leur importance a, de nos jours, beaucoup diminué et quelques-unes de ces possessions végètent péniblement, tirant d'un sol ingrat de maigres ressources.

De toutes ces colonies, les deux premiers groupes sont les plus importants et sont ceux auxquels l'Angleterre attache, à juste raison, un intérêt tout spécial, car ils marquent les points fondamentaux de sa politique coloniale et mondiale.

Le bassin du Nil offre en effet à l'Angleterre, outre un champ d'exploitation des plus riches, la sécurité la plus grande pour le commerce des Indes, de l'océan Indien et de l'Extrême-Orient. Pour l'acquérir elle n'a rien ménagé, ni expéditions guerrières, ni ultimatum lancé fièrement à notre pays, ni intrigues de toutes sortes destinées à chasser tous les compétiteurs. Mais elle ne le possède pas en entier, car du lac Tsana sort une des sources du grand fleuve sans lequel l'Egypte n'existerait pas. Ce lac est situé en pleine Ethiopie, pays encore libre et indépendant malgré de furieux assauts. De ce côté, l'Angleterre veille avec un soin jaloux, car si le *statu quo* peut lui convenir à la rigueur, elle ne permettra jamais qu'une puissance européenne fasse du roi des rois d'Addis Ababa un vassal ou un protégé : la route de la mer Rouge serait menacée et dominée, et l'Egypte risquerait d'être assoiffée. Du reste, sans bruit, l'Angleterre se prépare à toutes les éventualités; son chemin de fer du Soudan, partant de Khartoum, esquisse une pointe vers les grands contreforts abyssins, comme jadis la voie ferrée menaçait, avant la conquête, les deux républiques sud-africaines.

Pendant ce temps, elle veille au Somaliland sur les débouchés de la partie méridionale de l'Ethiopie, et, par son chemin de Port-Sudan à Berber, domine, par-dessus l'Erythrée, les provinces septentrionales de cet empire.

Au sud de l'Afrique, s'étend un groupe de colonies puissantes. Leur conquête, commencée il y a cent ans, s'est poursuivie pendant tout le dernier siècle par la lutte entre les Anglais et les Boers, et s'est terminée par le raid fameux par lequel Cecil Rhodes, lançant ses pionniers vers le nord, atteignit les sources du Congo et le Tanganyika. Dans cette entreprise les Anglais ont fait preuve d'un rare esprit de décision, d'un grand dédain des scrupules, et aussi d'une énergie que rien ne put abattre. Surtout dans ces trente dernières années, alors que l'esprit colonial s'éveillait en Europe avec acuité, elle agit avec fermeté et une continuité de vues vraiment remarquable.

Les Allemands avaient débarqué dans le Sud Ouest africain et essayaient de tendre la main aux Boers; l'Angleterre aussitôt occupe le Bechuanaland en traversant des déserts. Les Boers, repoussés de leurs anciennes possessions du Cap et du Natal, se reforment et s'organisent. Ils ont le nerf de la guerre depuis les découvertes récentes des champs aurifères; leur influence, si elle se développe, menace de ruiner à jamais l'influence de la race anglo-saxonne. La Grande-Bretagne les attaqua et, après des campagnes douloureuses, finit par les vaincre.

Le Portugal rêvait d'unir ses deux domaines de Mozambique et de l'Angola. L'Angleterre, poursuivant sa marche conquérante et sous l'impulsion de Cecil Rhodes, gagne toujours du terrain vers le Nord, foule aux pieds les droits acquis, brise les résistances et, enfin, parvient à ces frontières congolaises que des traités internationaux lui interdisent de franchir, pour le moment du moins.

Ces deux groupes forment le fonds des colonies anglaises d'Afrique, en ce sens que ce sont eux qui sont au nord et au sud les pôles de la politique coloniale britannique dans ces régions. Déjà on a rêvé de les unir par le rail; c'est le projet grandiose du Cap au Caire, jailli du cerveau de ce grand patriote qui donna à son pays un empire en déployant les merveilleuses qualités de son esprit conquérant, financier, diplomate et aussi sans scrupule. A moins d'être vaincue et d'être réduite à la dernière extrémité, l'Angleterre doit, dans ces deux contrées, conserver sa situation et même songer à l'agrandir.

Au nord, si l'Ethiopie ne doit pas lui appartenir, du moins il faut qu'elle reste libre et indépendante, ainsi que nous l'avons dit. Au sud, au contraire, le *statu quo* actuel ne peut durer. En marge de l'Union sud-africaine, face à l'océan Indien, s'allonge la colonie portugaise du Mozambique. Déjà percée de part en part par deux voies ferrées anglaises, celle de Delagoa-Bay et celle de Beira, cette colonie est déjà en grande partie anglaise et, si elle reste au pouvoir nominal du Portugal, c'est plutôt parce que l'Angleterre a intérêt à conserver momentanément cet état de choses, que par respect des droits acquis et reconnus. Peut-être aussi ne veut-elle pas, à l'heure actuelle, réaliser une convention signée avec l'Allemagne depuis une douzaine d'années.

D'autre part, il y a de l'argent à gagner, et beaucoup d'argent, au Katanga, au sud du Congo belge.

L'Angleterre y a déjà pénétré par ses chemins de fer, par ses hommes et par ses capitaux et les nôtres. Un de ses agents, un petit Cecil Rhodes, M. Robert Williams, a obtenu, dans une autre colonie portugaise, d'immenses concessions qui portent le nom de Robertsia, et sur ces concessions se construit un chemin de fer qui doit mettre le Katanga en relations, par la voie la plus courte, avec l'Europe.

Au lieu de franchir l'Afrique du nord au sud, c'est maintenant de l'est à l'ouest que l'on travaille avec ardeur, car l'Angleterre prévoit de grands bénéfices à réaliser. Cette puissance ne peut maintenant quitter le Katanga, abandonner cette région qui lui réserve de si précieuses récoltes. Ce serait déchoir, déchoir à ses intérêts, et l'Angleterre pratique, commerçante, ne peut le faire sans y être forcée.

Ainsi, dans l'Afrique du Sud, l'Angleterre doit non seulement se maintenir, mais encore songer à augmenter son domaine, et cela aux dépens de deux Etats voisins, le Portugal et la Belgique. Bien que le gouvernement libéral se défende de toute ambition et dise à qui veut l'entendre qu'il lui faut organiser les possessions acquises, il est bien certain que, si jamais une modification doit se produire dans ces régions, ce même gouvernement, malgré ses intentions pacifiques, défendra les droits qu'il se crée avec la plus énergique résolution. Qu'une puissance européenne nouvelle veuille s'installer au sud du Zambèze, ou au Katanga, ou dans la Robertsia, alors ce sera l'ultimatum de Fachoda. Ne dirait-on pas, à voir les décisions prises par le gouvernement de la jeune Union sud-africaine, que cette hypothèse a déjà été envisagée ? A peine vieille d'une année, cette Union vient de voter le service militaire obligatoire et de se créer une armée ! Est-ce seulement pour maintenir les indigènes et les gens de couleur ?

Les deux autres groupements de colonies, celui de l'Ouest africain et celui des îles, sont bien moins importants pour l'Angleterre. Avec sa prescience des destinées humaines, lorsqu'elle a vu la France se lancer à corps perdu et avec juste raison dans le Maghreb et dans la boucle du Niger, cette puissance a compris que plus elle acquerrait de droits, plus la France aurait de devoirs vis-à-vis d'elle. Puis, ne pourrait-on se servir de ces territoires pour obtenir, le moment venu, des échanges fructueux ? Prendre toujours et voir venir, telle semble avoir été la devise de l'Angleterre dans l'Ouest africain. Elle prit avec audace, se dressant partout devant nos explorateurs et nos missions, engageant froidement le duel dans ces régions, qui nous seront nécessaires, quitte à les abandonner un jour ou l'autre si une bonne occasion se présente. Sans doute, elle tiendrait à conserver quelques ports de relâche, quelques stations navales, telles que Free Town, Lagos; mais de quelle valeur seraient pour elle les hinterlands de la Gambie, de la Sierra Leone, et même de la Nigeria, en comparaison de ce qu'elle prétend obtenir au Congo, en Angola ou au Mozambique ?

× ×

Mais il ne suffisait pas à l'Angleterre de vaincre,

de se tailler des empires en Afrique. Avec l'esprit pratique qui est un des caractères dominants de la race, les Anglais se sont efforcés de tirer de leur domaine le maximum de rendement. Connaissant admirablement les mœurs, les coutumes, les besoins des peuples vaincus, elle a su doser avec sagesse les libertés à leur accorder, elle a su comprendre les lois à leur donner. Dominant par la force les rebelles et ceux que les moyens violents peuvent seuls réduire sinon à la servitude du moins à l'obéissance, elle a laissé à ceux qui le méritaient le gouvernement qu'ils possédaient, se contentant de surveiller et de conseiller. Elle a pu ainsi civiliser des peuples entiers par eux-mêmes, sans perdre de temps à modifier leurs institutions et en employant le minimum de fonctionnaires. Qui eût pu prédire que, quelques années après la guerre anglo-boer, les anciennes républiques sud-africaines se seraient fondues en une union intime avec les colonies du Cap et du Natal ? Qui aurait pu deviner que le général Botha serait devenu le pivot de cette Union, pour le plus grand bien de l'Angleterre ? Cette politique nous surprend, nous, Français, qui faisons trop de sentiment; elle surprend plus encore les Allemands, qui ne connaissent que la force brutale; elle n'étonne pas les Anglais, qui savent que l'intérêt est le plus puissant et le plus durable des leviers de l'humanité, après l'esprit religieux.

Aussi, en peu de temps, les résultats acquis ont-ils été considérables. Pour une nation commerçante, ce sont les bilans qui prouvent la vitalité d'une entreprise. Partout, sauf peut-être dans quelques points insignifiants ou quelques îles placées en dehors des grandes voies de communication, les résultats déjà obtenus sont superbes. Non seulement les budgets s'équilibrent, mais ils laissent encore une certaine marge de plus-values. Partout on assiste à une éclosion spontanée du commerce, de l'industrie; la période des semailles est à peine terminée que celle des récoltes commence sans avoir épuisé les efforts d'une seule génération. C'est que là aussi les Anglais ont agi en gens avisés et habiles. Voulant profiter vite, ils n'ont pas hésité à lancer des capitaux énormes, qu'ils ont eu l'habileté de prendre chez eux et surtout chez les autres en conservant toujours le contrôle, dans les entreprises destinées à hâter l'organisation et l'exploitation. Dès le début, ils ont tracé, à l'aide du rail, les grandes artères que devrait suivre le commerce dans cette Afrique dépourvue de voies navigables. Au nord, ils ont construit la ligne qui pénétrera d'ici à quelques années jusqu'aux sources du Nil. A l'est, ils ont donné aux grands lacs un débouché sur l'océan Indien. Au sud, ils n'ont pas hésité à aller toujours plus loin, à atteindre les premiers le Katanga, qu'ils commencent à exploiter devant les Belges impuissants. A l'ouest, c'est la voie de Robert Williams qui s'enfonce de plus en plus au cœur du continent noir et qui transportera bientôt les marchandises et les passagers d'un océan à l'autre. Dans la Nigeria, à la Gold Coast, à la Sierra Leone, ce sont encore des voies ferrées, secondaires il est vrai, mais qui ont aidé puissamment au développement rapide de ces régions. Le Tchad lui-même, qui aurait dû être un lac français, sera atteint tout d'abord par les locomotives anglaises.

Ces voies ferrées, construites la plupart du temps avec une rapidité déconcertante, ont aidé puissamment la politique anglaise. Elles ont permis, non seulement de pacifier et de réduire au minimum les mouvements de révolte, mais elles sont, de plus, devenues très vite des facteurs de production. Pour ne citer qu'un exemple, la voie de Beira à Salisbury, exploitée par le Mashounlad Railway, a depuis trois ans vu ses recettes augmenter dans des proportions considérables : de 314.222 livres sterling en 1909, elles sont passées à 544.194 en 1911, et les bénéfices ont monté de 184.899 à 367.939 livres. Ces seuls chiffres indiquent la vitalité considérable de ces chemins de fer établis hier seulement. Ils sont, de plus, le signe de l'activité toujours croissante et du développement intensif de ces régions. Presque partout il en est de même. Les Anglais se sont donc créé, dans leurs colonies africaines, des moyens puissants de domination et aussi des facteurs de production des plus considérables. En prévision des événements futurs qu'ils sentent menaçants, ils se sont armés économiquement et politiquement. Ils sont désormais prêts à la redoutable échéance qui s'annonce et qui aura l'existence même des nations pour enjeu.

Par suite des combinaisons actuelles de la politique internationale, ce qui se produira en Europe aura son contre-coup dans le monde entier et particulièrement en Afrique, où de si grands intérêts sont en jeu. Avec leur prévoyance faite de calme et d'audace, les Anglais ont tenu à se ménager les plus grandes chances de succès, et leur sollicitude s'est particulièrement déployée dans ce continent noir, qui a déjà procuré et procurera encore plus dans l'avenir des surprises agréables aux vainqueurs de demain.

Dans le discours que sir E. Grey prononça au Parlement anglais le 27 novembre 1911, après la conclusion de l'accord marocain, le ministre s'exprima en ces termes au sujet de la politique anglaise en Afrique :

« On dit en Allemagne — je ne parle que de ce qu'on rapporte et de ce qui se publie dans les journaux allemands — que c'est une partie de notre politique de nous tenir toujours sur le chemin de l'Allemagne et de nous opposer à l'expansion allemande. Naturellement, il est malheureux que la question marocaine soit revenue si souvent, parce que c'est là une affaire à part pour laquelle nous avons une convention spéciale et où sont engagés des intérêts spéciaux spécifiés dans cette convention, et auxquels nous attachons de l'importance. Mais, à mon avis, bien que je ne veuille pas dire que je fais plus que d'exprimer une opinion personnelle en cette matière, la politique que dicte la sagesse à notre pays est de nous étendre le moins possible, et cela certainement pour ce qui est de toute nouvelle possession en Afrique. Naturellement, il y a certaines parties de l'Afrique directement attenantes à des possessions britanniques, en particulier à celles du gouvernement de l'Union sud-africaine, que nous ne pourrions voir passer en d'autres mains, s'il se produisait des modifications territoriales. Si, d'autre part, il se produisait de vastes modifications territoriales, il y a certainement d'autres choses près du territoire britannique qui pourraient faire l'objet d'une rectification de frontières. Mais ce n'est pas là une politique d'expansion, et s'il doit se produire en Afrique de vastes modifications territoriales résultant, il va de soi, de négociations conclues de bon gré avec d'autres puissances, nous n'y interviendrons pas comme concurrent ambitieux. »

Que veut dire l'expression : modifications territoriales conclues de bon gré avec d'autres puissances ? Sur quel point de l'Afrique l'Angleterre n'a-t-elle pas des intérêts ? En résumé, tout en exposant son désir de ne pas s'agrandir, le ministre anglais affirme qu'aucune modification ne pourra se produire sans que l'Angleterre exige des rectifications de frontières, et on sait ce que ces termes signifient, en Afrique surtout. Mais cela n'est pas conquérir, c'est tout au plus s'agrandir. La politique anglaise consiste à maintenir actuellement le *statu quo;* mais, s'il survient une seule occasion, elle le violera dès la première heure, avec un parfait sang-froid et avec une connaissance tout aussi parfaite des « frontières à rectifier ». Ce qui lui sera nécessaire, nous l'avons vu, ce sont des parties de l'Angola, du Mozambique et le Katanga; voilà pour l'Afrique du Sud. De cette façon elle pourra, par la voie de Lobito Bay à Beira, réunir les deux océans et exploiter de riches bassins miniers. Ce qu'elle peut désirer encore, c'est de mener à bonne fin le projet de Cecil Rhodes, de percer l'Afrique entière du nord au sud, du Caire au Cap. Ainsi elle tracerait pour son commerce deux voies ferrées, du nord au sud et de l'est à l'ouest, où viendrait se concentrer toute l'activité des régions traversées au profit de l'Angleterre.

Par le fait même se réaliserait le rêve encore plus grand de faire de l'océan Indien un lac anglais. Car, il ne faut pas se le dissimuler : l'action de l'Angleterre en Afrique n'a pas été un produit isolé de l'activité britannique. Nous avons vu que ses premières manifestations avaient eu pour cause la route des Indes. Or, cette route assurée, il fallait encore étayer les conquêtes asiatiques en leur donnant la maîtrise totale de l'océan qui les baigne et les points d'appui nécessaires aux limites de cet océan. Cet océan, l'Angleterre le domine et les points d'appui elle les a trouvés en Australie, dans l'Union sud-africaine, dans le protectorat de l'Est africain, à Zanzibar, à Maurice, aux Seychelles, sans compter qu'elle occupe le défilé de Suez et de la mer Rouge, et en partie le golfe Persique.

Ainsi qu'on peut en juger, pour des raisons politiques et commerciales, l'Angleterre ne peut permettre à des concurrents audacieux de venir en Afrique lui dérober le prix de tant d'efforts et de tant de persévérance. Si une fissure se produisait dans le système qu'elle a édifié, ce serait la désagrégation lente de son empire des mers et de sa maîtrise des marchés. En Afrique, elle peut consentir à des modifications dans une seule partie, dans l'Ouest africain; quant à toucher à son domaine nilotique ou à l'Union sud-africaine, il n'y faut pas songer, à moins d'un désastre complet de ses armes et de ses flottes.

L'Allemagne le sait bien, et c'est un des motifs qui attirent la haine des coloniaux pangermanistes contre l'Angleterre. Celle-ci, après avoir lutté contre la France, va entrer en conflit avec l'Allemagne conquérante et avide de se tailler en Afrique un empire colonial. Le duel est engagé. Les antennes que l'Allemagne vient d'obtenir sur le Congo et l'Oubanghi marquent le premier étage de ce « drang » allemand d'un nouveau genre. Qu'en sortira-t-il? Nul ne le sait! Le destin est aveugle pour les peuples comme pour les gens. Mais ce qu'il est aisé de prévoir, c'est que les temps sont proches où la lutte sourde prendra un caractère aigu; c'est que le vainqueur posera sur l'Afrique une main avide; c'est que le vaincu, impuissant et meurtri, se verra exclu et pour longtemps de toute ambition africaine.

Si l'Allemagne sombre dans la bataille, son rôle sur mer, son rôle colonial est fini; et c'est pour cela qu'elle s'efforce de gagner de vitesse sa rivale maritime; si l'Angleterre succombe, il est impossible de prévoir jusqu'à quel point la voracité allemande se manifestera. Pour cette puissance plus encore que pour l'Allemagne, la lutte est vitale. Elle semble le comprendre et vouloir, après quelques années d'hésitation, reprendre une situation qu'elle n'aurait pas dû perdre, ne fût-ce qu'un moment.

II

LA FRANCE EN AFRIQUE

En fait de colonies, la France a toujours été calomniée. Combien ont prétendu, surtout chez nous, que nous n'étions pas colonisateurs ! Les Anglais, certes, n'ont pu nous faire ce reproche, puisqu'ils ont été les premiers à profiter de nos embarras du règne de Louis XV pour nous prendre nos domaines soit en Asie, soit en Afrique, soit en Amérique. Les Allemands eux-mêmes, ces coloniaux d'hier, reviennent de cette idée préconçue, puisqu'ils trouvent dans notre domaine des pays à leur convenance. Sur beaucoup de points du globe, nous avons été les pionniers de la civilisation, et, sur beaucoup de rivages inhospitaliers, nous avons débarqué, parfois par intérêt, toujours dans un but humanitaire et civilisateur.

Le seul reproche que nous puissions nous faire, — car les autres, ceux qui profitent de notre audace, ne pourraient l'exprimer, — c'est d'avoir toujours vu trop grand et d'avoir entrepris une tâche au-dessus de nos forces. Nous avons essaimé sur des territoires que nous pouvions à peine exploiter et que nous n'étions pas en état de défendre. Les leçons du passé ne nous ont pas servi à cet égard et, depuis l'époque de la conquête des Indes, de la Louisiane, du Canada, jusqu'à celle où nous avons espéré aboutir au Nil à Fachoda, nos forces intérieures ont rarement été en harmonie avec nos désirs, et on pourrait dire même nos réalités d'expansion. Il faut nous restreindre, nous ne l'avons pas toujours compris.

Au début du siècle dernier, après avoir possédé un empire colonial immense, nous avions été complètement dépouillés. Seuls, quelques comptoirs restaient sur les rives des océans, comme les témoins de notre ancienne puissance. Quand, après les défaites de 1870, la France se trouva mutilée et amoindrie, elle se mit courageusement à l'œuvre, aussi bien à l'intérieur qu'à l'extérieur. Grâce à une pléiade de héros, notre pays se recréa en quarante ans un empire immense. Mais, encore une fois, l'espace a tenté notre génie national. Aussi, à l'heure actuelle, possédons-nous un domaine trop vaste, qui est en partie cause de notre faiblesse.

× ×

Les Français ont été un des premiers peuples d'Europe à atterrir sur les rivages inhospitaliers de l'Afrique. Sans remonter aux croisades de saint Louis sur les côtes barbaresques, ce furent nos hardis marins qui débarquèrent, il y a plusieurs siècles, sur les côtes de l'Atlantique et du golfe de Guinée. Petit à petit, nos comptoirs prirent de l'extension; mais leur influence rayonnait plutôt en gagnant de proche en proche le long des mers qu'en pénétrant dans l'intérieur. L'Amérique, les Indes nous tentaient du reste davantage, et on n'accordait qu'une faible attention aux stations commerciales africaines.

Au traité de Paris, en 1763, nous perdîmes notre empire colonial : les Indes, le Canada, les Antilles passaient aux mains des Anglais. Ils allaient nous supplanter désormais comme nation coloniale et maritime. Ce honteux traité n'épargna même pas le Sénégal, qui devint possession britannique, mais qui, vingt ans plus tard, au traité de Versailles, devait nous être rendu.

Pendant la Révolution, les idées d'expansion coloniale passèrent au second plan; elles ne furent reprises que quelques années plus tard. Il ne s'agissait pas alors de coloniser, mais d'atteindre et surtout de menacer l'Angleterre au point le plus sensible de son empire mondial, c'est-à-dire aux Indes. Pour réaliser ce but, il faut s'emparer de l'Egypte : Bonaparte y court. Les Anglais, maîtres de la mer, y enferment nos troupes. C'est à grand'peine que leur chef peut s'échapper et revenir en France. Six mois après, c'est Marengo, et, en 1802, la paix d'Amiens marque la fin de notre action en Afrique : l'Egypte était rendue au sultan.

L'Empire se passa dans un fracas de batailles. Bâti sur la victoire, il sombra par la défaite, et la France, épuisée, exigea quinze ans de répit avant de tenter un nouvel effort. Un événement fortuit allait nous lancer dans une orientation nouvelle. Le coup d'éventail du dey d'Alger nous amenait, en 1830, à pénétrer enfin cette Afrique mystérieuse, qui devait donner à nos énergies nationales un si vaste champ d'héroïques conquêtes et atténuer pour nos âmes meurtries les amertumes des désastres.

L'Algérie nous appartenait. Elle nous avait coûté très cher; car, à l'école des luttes incessantes que pendant quarante ans on y soutint, nos troupes et leurs chefs y avaient développé leur énergie, mais perdu la doctrine de la grande guerre. Aussi, quand nous nous trouvâmes devant des adversaires imbus des principes puisés dans l'épopée napoléonienne, nos efforts furent-ils vains; nous pérîmes en braves.

La troisième république trouva la France mutilée. Dès qu'à l'intérieur elle eut pansé les plaies et reconstitué les forces, elle voulut créer un domaine colonial aussi grand, aussi vaste que celui ravi par l'Angleterre au XVIIIe siècle.

Alors s'ouvre l'ère des conquêtes glorieuses, réalisées un peu partout, un peu à l'aveuglette, mais d'où devait sortir, heureusement pour nous, cet admirable empire africain qui s'étend de la Méditerranée au Congo.

En 1881, le gouvernement français, pour protéger la frontière orientale de l'Algérie contre les incursions des Kroumirs pillards, dut intervenir en Tunisie. Cette contrée appartenait plus ou moins à la Porte, « ce vieux propriétaire européen qui n'a pas le sou, qui est endetté jusqu'au cou et qu'on peut toujours ramener à la raison quand il devient gênant » (1). Après une expédition qui ne rencontra pas une sérieuse résistance, le traité du Bardo nous don-

(1) *Mémoires de Bismarck*, par Busch.

nait le protectorat désiré. Cette acquisition nous aliéna l'Italie, qui avait des vues sur ces contrées, et fut un des motifs qui la jetèrent dans le sillage de l'Allemagne. Pouvions-nous laisser s'installer à notre porte, sur nos frontières algériennes, une puissance dont la rivalité était d'autant plus à craindre qu'elle était jeune et nous devait son existence ? La Tunisie était le complément nécessaire, vers l'est, de notre colonie du nord de l'Afrique, comme le Maroc le deviendra bientôt du côté de l'ouest.

Après nous être égarés aux limites de l'Extrême-Orient, nous avons repris notre tâche en Afrique, qui est et doit être notre véritable domaine colonial. Nous attaquâmes alors d'une façon méthodique et continue le Nord-Ouest africain. Le Sénégal devait servir de base de pénétration sur la côte de l'Atlantique, vers la région du Niger, tandis que les quelques comptoirs du golfe de Guinée allaient être utilisés comme origines des mouvements du sud au nord.

Surtout sous l'habile et agissante direction de Faidherbe, nos explorateurs et nos colonnes s'enfoncèrent hardiment dans les territoires qu'arrosent le Sénégal et le Niger. Nos progrès furent continus; en 1894 nous entrions à Tombouctou, la ville sainte du Soudan, pendant que de nombreuses missions s'avançaient toujours plus loin dans la boucle du grand fleuve, luttant de vitesse, d'audace et d'intelligence avec les explorateurs anglais et aussi allemands.

Une grande expédition, en 1892, nous donna le Dahomey, qui ne devait être réellement pacifié que deux ans plus tard, après la prise du roi Béhanzin.

Puis ce furent nos officiers, nos colons, qui petit à petit avancèrent dans les massifs montagneux du Fouta Djalon et dans les forêts impénétrées encore de la Côte d'Ivoire. L'Ouest africain était fondé, un peu morcelé sans doute, mais ayant de larges façades sur les mers et des dépendances très profondes dans l'intérieur des terres.

Ainsi, au nord, l'Algérie et la Tunisie, au sud, l'Ouest africain, nous appartenaient. Ces possessions superbes étaient séparées par le désert. Il fut franchi et pacifié. Le coq gaulois trouvait, même dans ces régions arides, un peu de grande gloire à picorer !

Plus au sud, l'intrépide explorateur Savorgnan de Brazza, parti des comptoirs du Gabon que nous possédions depuis 1843, avait, de 1875 à 1883, effectué plusieurs voyages dans les territoires compris entre l'Océan et le fleuve Congo. Presque seul, sans grandes ressources, il donna à la France un vaste pays que les expéditions de nos officiers devaient pousser jusqu'aux rives du Nil. Mais là, l'Angleterre se dressa devant nous et Marchand fut obligé, à Fachoda, d'abaisser notre pavillon national. Ce fut le dernier acte de cette lutte si âpre, que les deux puissances rivales, la France et l'Angleterre, avaient entamée en Afrique depuis de nombreuses années. A Fachoda devait bientôt succéder l'entente cordiale.

Nous abandonnions le cours du Nil et conservions le Congo, le Tchad, le Chari. Hélas ! Ce n'était pas pour longtemps. Cette colonie équatoriale allait nous être ravie en partie, à la suite d'événements récents et tout pacifiques. Elle est coupée en deux tronçons, dont la vie dépendra pour beaucoup de la bonne volonté allemande. Dans les familles, souvent il est un être qui expie la prospérité des autres : notre Congo ne fut-il pas et n'est-il pas plus que jamais le « *Schmerzes Kind* » des colonies françaises !

Depuis Richelieu, nous possédions des droits importants à Madagascar. Pendant longtemps, notre influence y fut combattue par ceux qui nous ont harcelés depuis l'origine de notre histoire. Ni négociations, ni démonstrations navales n'avaient pu vaincre la mauvaise volonté des Hovas, sûrs qu'ils étaient de l'appui secret de nos adversaires. Cet état de lutte perpétuelle ne pouvait durer sans nuire à notre commerce, et plus encore à notre prestige. Le général Duchêne, envoyé à la tête d'un corps expéditionnaire, entrait à Tananarive en 1895. Cette conquête aurait dû nous assurer une influence importante dans l'océan Indien; mais là aussi nous n'avons pas obtenu jusqu'à présent tous les résultats qu'on pouvait attendre. La cause en est peut-être à l'énorme développement de notre domaine colonial, qui ne nous permet pas de concentrer nos efforts et nos ressources sur les territoires qui nous seraient les plus utiles, sinon dans le présent, du moins dans l'avenir.

Au nord-est de l'Afrique, nous aurions peut-être pu acquérir une situation prépondérante, et devenir ainsi la première puissance méditerranéenne. Dans le bassin du Nil, en effet, depuis l'expédition de Bonaparte notre influence était grande. Nos savants, nos ingénieurs y avaient maintenu le renom français, alors si connu dans toutes les Echelles du Levant. En 1882, nous avons abandonné la partie, qui, pourtant était belle, en laissant les Anglais libres de faire ce qu'ils voulaient. A ce propos, il peut être intéressant de rappeler ce que le prince de Bismarck disait à cette époque :

« Ah ! si les Français avaient coopéré à l'occupation militaire avec les troupes anglaises, cela changeait joliment la face des choses... Les Français disposaient de bien plus d'hommes que les Anglais, qui ont l'Irlande sur les bras; ils auraient donc envoyé des forces beaucoup plus considérables que leurs alliés, et, envoyant des forces plus considérables, ils auraient eu la haute main sur les opérations. C'est bien le diable si, après, on avait pu les déloger du pays ! Maintenant l'affaire est beaucoup plus embrouillée. Nous n'allons pas certainement nous en mêler, parce que ce n'est pas notre besogne de tirer les marrons du feu pour le compte des autres, surtout pour le compte de l'Angleterre (1) .»

Bref, pour nous l'occasion était bonne; elle le serait peut-être devenue davantage, grâce à notre amitié avec l'Abyssinie, qui voyait, dans notre protectorat de la côte des Somalis, un débouché naturel sur la mer, et qui ne nous craignait pas comme voisin. Quoi qu'il en soit, l'influence, si minime soit-elle, que nous avions conservée en Egypte nous a été utile et nous a permis, à un moment donné, de trouver dans l'Angleterre une auxiliaire précieuse pour étendre cet empire africain du Nord qui nous était indispensable.

---

(1) *Mémoires de Bismarck*, par Busch, p. 174.

Maîtres de l'Algérie, il nous fallait, si nous voulions faire œuvre durable, posséder toute la côte de la Méditerranée et de l'Atlantique. C'est ce plan qui a été développé, un peu au hasard tout d'abord, avec constance ensuite, mais peut-être en ne profitant pas assez des circonstances qui nous étaient offertes et en donnant à nos rivaux trop d'occasions de nous nuire et de se mettre en travers de notre route.

La Tunisie fut, ainsi que nous l'avons vu, le premier objet de nos conquêtes. Il nous fallait aussi le Maroc; mais là nous allions rencontrer bien des jalousies, bien des embûches. Nous n'avons pas su toujours écarter les unes en temps voulu et éviter les autres avec prévoyance et adresse. Aussi en sommes-nous arrivés à obtenir ce que nous désirions, en novembre 1911, des mains de ceux que ni leur histoire, ni leur avenir colonial ne destinaient à prendre pied dans ces régions : des Allemands. Et encore, ce que nous avons reçu est-il un Maroc tronqué, où nous sommes plutôt des mandataires que des propriétaires, où notre action sera à chaque instant gênée, sinon contrecarrée, par nos voisins au Maroc même, ou par ceux qui se sont arrogé des droits en ne nous laissant que des devoirs.

Pour obtenir ce résultat étrange, nous avons dû souscrire à des conditions draconiennes que l'histoire jugera sans doute sévèrement; car, dans cette affaire, sont intervenus des vues personnelles, des intérêts particuliers que les puissants du jour n'ont pas su écarter. Contre des droits discutables, nous avons donné une portion indiscutée de notre domaine colonial africain, dans la partie qui nous était le plus utile, car elle contribuait à former un bloc compact de la Méditerranée au Congo. N'avions-nous pas, s'il fallait donner, autre chose à offrir dans ces pays lointains situés en dehors de notre rayon d'action immédiate ?

Mais à quoi servent les regrets ? A quoi sert la recherche des causes ? Il ne faut plus voir que les effets et tâcher d'en tirer, malgré bien des difficultés, le meilleur parti possible, dans l'intérêt, maintenant, de la France. « Il nous faut, ainsi que M. Lebrun, ministre des colonies, le disait dans son discours du 11 décembre 1911, répondre au coup qui nous a frappés par un redoublement d'efforts. »

× ×

Dans l'administration et l'organisation de notre domaine colonial africain, nous avons tenté différents systèmes, mais nous en sommes revenus toujours à une méthode aussi analogue que possible à celle employée dans la mère-patrie. Quelle que soit leur ancienneté, quel que soit le degré de leur développement, quelle que soit leur civilisation, toutes nos colonies sont tenues en lisière, plus ou moins fortement, plus ou moins étroitement. Et il n'est pas dans nos traditions un principe qui permette d'envisager que, un jour ou l'autre, l'émancipation puisse être acquise dans les territoires soumis à notre autorité. Aurions-nous osé, nous qui prétendons comprendre le mieux la liberté, donner une constitution et former un gouvernement indépendant avec des colonies nouvellement conquises, comme les Anglais l'ont fait dans le Sud africain ? Sauf dans la Tunisie, où nous avons conservé une partie des institutions anciennes, partout c'est le gouvernement direct que nous avons imposé avec tous ses rouages administratifs. Cependant, cet exemple devrait nous encourager, car les résultats obtenus ont été peut-être meilleurs que partout ailleurs.

Cette critique s'applique surtout à notre domaine algérien, qui gagnerait, sans doute, au point de vue économique, à se rapprocher un peu plus d'un système de gouvernement autonome. Peuplé d'une proportion bien suffisante de nos nationaux, ayant déjà appris à se diriger dans l'existence, connaissant ses intérêts et les nôtres, il pourrait, semble-t-il, jouir d'une franchise plus grande que celle qui lui est accordée. Des considérations de politique extérieure militent peut-être en faveur d'une direction unique de nos domaines méditerranéens; mais peut-on penser que l'Algérie se désintéresserait assez de la France, à qui elle doit tout, pour, même sans y être forcée, ne pas entrer dans ses vues et refuser son concours le plus généreux pour sa défense et pour sa grandeur ? Comme dans un vieux ménage, la politique d'affection doit succéder à celle de la crainte ou de l'amour.

Dans nos autres colonies d'Afrique, où l'élément français est infime par rapport au nombre présent et surtout futur des indigènes, il ne pourrait être question d'autonomie. Il nous faut rester les maîtres, afin de pouvoir exploiter par les autochtones, les blancs n'étant capables que de surveiller ou de conseiller, à cause de la rigueur du climat. Une politique ferme, appuyée sur la force et sur la confiance, est de rigueur. Bien des siècles s'écouleront encore avant qu'une race de couleur, dévouée à la France, capable de se diriger elle-même, soit formée.

Mais si, dans ces pays, un gouvernement direct s'impose, il faut éviter que, par suite des lenteurs administratives ou parlementaires, les progrès ne soient lents, les réformes tardives. C'est la considération des résultats obtenus qui fait dire à l'étranger que nous savons bien conquérir, mais mal coloniser. Les rouages sont trop compliqués. A des peuples neufs il faut des rouages simples. Les Anglais ont bien compris la nuance : ils créent la fonction pour l'organe, et n'envoient au début qu'un minimum de fonctionnaires, quitte à augmenter leur nombre au fur et à mesure du développement, quand la nécessité s'en fait bien sentir.

Cependant, il ne faudrait pas croire que nos institutions coloniales africaines ne soient que critiquables. S'il arrive souvent que leur développement ne corresponde pas à nos désirs, soit entravé par l'instabilité ministérielle et par les lenteurs administratives, un parti colonial puissant et permanent veille sur leurs intérêts, et les résultats obtenus sont des plus importants.

L'Algérie, redevenue fertile grâce au dévouement inlassable de colons intelligents, gagne chaque jour sur le désert légué par les Arabes dévastateurs. Aussi leurs efforts sont-ils de plus en plus couronnés de succès et le mouvement commercial et industriel se développe-t-il de façon magnifique. En Tunisie, nous assistons au même spectacle, et là le progrès a été plus rapide, peut-être parce que ce protectorat a été moins enserré dans une législation rigoureuse. Souhaitons au Maroc un avenir aussi brillant et une éclosion économique aussi prompte.

L'Afrique occidentale, elle aussi, a pris un essor magnifique. Notre pénétration par la voie ferrée empiète chaque jour sur le domaine inculte et permet aux ressources immenses de la région du grand fleuve noir de s'écouler par les ports florissants de Saint-Louis, Dakar, Konakry, Abidjean, Cotonou. D'énormes capitaux ont été placés dans cette région : capitaux de l'Etat, capitaux des particuliers, capitaux de puissantes compagnies financières. Déjà ils sont productifs et ils le deviendront davantage dans l'avenir; puis ils permettent d'édifier un centre de puissance véritablement français et utile à la France. Là nous trouverons une réserve encore vierge d'hommes et de produits. Là nous pouvons penser bâtir un empire que nul ne pourra nous prendre, à moins que la France elle-même ne disparaisse.

De l'Afrique équatoriale, que dire maintenant ? Déjà, dans le passé, c'était la parente pauvre et délaissée, pauvre parce qu'on ne lui donnait guère le moyen de manifester sa richesse, négligée parce que beaucoup avaient intérêt à la conserver telle. Est-il croyable qu'en 1912 notre Afrique équatoriale ne soit seulement pas dotée d'un chemin de fer ? Cependant, ce ne sont ni les projets, ni les missions qui ont manqué. Pas une colonie africaine, même les portugaises, ne peuvent revendiquer ce désavantage. Maintenant, que vont devenir les tronçons de ce domaine ? La tête et les pieds, sans cœur, sans poitrine, ne seront-ils pas à jamais frappés de paralysie ?

La grande île de Madagascar, pacifiée, organisée par le général Galliéni, après avoir subi des influences diverses et parfois déprimantes, s'élève petit à petit au rang des grandes colonies. Son mouvement économique se développe sans cesse, en même temps que ses institutions s'affermissent et que sa défense s'organise. Madagascar réserve des surprises bien plus grandes, si nous savons la doter d'hommes qui comprennent les besoins de la colonie, oublient la politique pour l'administration et puisent dans leur autorité l'initiative nécessaire.

A Djibouti, sur les bords de la mer Rouge, nous nous sommes installés il y a plus d'un demi-siècle. Ce petit coin de terre désolée a vu naître bien des rêves : rêves sur l'Egypte, rêves sur l'Abyssinie, rêves sur le Soudan égyptien et les sources du Nil. La réalité est tout autre et a conduit à de nombreux déboires. Notre chemin de fer de pénétration, établi dans des conditions qu'il est douloureux de rappeler, n'aboutit qu'en marge de l'Abyssinie, et il est à craindre que de longtemps encore il ne cesse de haleter péniblement aux confins du désert, au seuil du paradis qu'on voit là-haut.

En somme, de tout notre domaine africain, la majeure partie, celle du nord et du nord-ouest, et l'île de Madagascar sont productives dans le présent et offrent les plus grandes espérances pour l'avenir. Cette vision doit dicter notre politique coloniale et servir de base à notre développement économique dans le monde. C'est ce que nous allons essayer d'expliquer.

× ×

La France a une quarantaine de millions d'habitants, y compris les nombreux étrangers plus ou moins naturalisés qui comptent dans les statistiques. La France a un budget dont les limites ne sont pas indéfiniment élastiques. Telle est notre situation.

D'autre part, les dépenses d'hommes et d'argent devraient augmenter en proportion de la politique mondiale actuelle et de la politique intérieure et sociale des peuples modernes.

En ce qui concerne les dépenses d'hommes, le maximum est atteint. Pour nos dépenses d'argent, elles sont déjà très suffisantes et cependant s'augmentent tous les jours par ceux qui rêvent le bonheur des peuples en dehors de l'effort.

Avec le domaine immense que la troisième République a conquis dans un geste superbe d'audace et de confiance, il est évident que plus nous irons, moins nous pourrons y suffire. Notre train extérieur de maison est trop grand. Il faut le réduire, à moins que nous ne voulions aboutir aux résultats que l'histoire a déjà enregistrés sous les noms de traité d'Utrecht, traité de Paris.

Qu'avons-nous promis aux populations indigènes que nous avons soumises à notre domination ? Le développement harmonieux de leur existence sous la protection de notre drapeau; les bienfaits d'une instruction supérieure, d'une civilisation plus raffinée, sous l'égide de notre force. Cette force, l'avons-nous ? Pouvons-nous dire à toutes nos colonies : nous sommes en état d'assurer la paix et de nous imposer par la guerre ? A cette question, on peut répondre oui pour certaines de nos possessions, non pour d'autres. Certes, il nous est permis de croire au lendemain pour les territoires placés à notre portée immédiate; mais il faut convenir que, pour nos colonies lointaines, notre incapacité est notoire. Qu'une puissance quelconque veuille s'emparer de l'Indo-Chine, de nos comptoirs indiens, de la Nouvelle-Calédonie, des Antilles et autres possessions asiatiques, australiennes, américaines : il nous serait absolument impossible de voler à leur défense, d'opposer même un semblant de résistance, à moins de dégarnir la France; et encore n'arriverions-nous pas trop tard ?

Qu'on ne vienne pas dire que c'est une nécessité économique qui nous guide. Le commerce enrichit surtout, dans ces colonies lointaines, les voisins immédiats ou ceux qui, grâce à une marine marchande très développée, peuvent établir des relations continues à très grand rayon.

Comme Napoléon, — qui pour quelques millions céda la Louisiane, car il comprenait bien ne pas pouvoir la conserver à moins d'entraver son action,

— il nous faut envisager froidement la situation et tâcher d'en tirer le plus de profit possible en prévision des événements dont l'époque est incertaine, mais l'échéance assurée.

« Lâchons l'Asie et prenons l'Afrique », tel doit être le mot de ralliement de nos énergies coloniales et même nationales.

Si nous sommes conscients des destinées qui nous sont réservées, relativement à nos moyens d'action, il faut nous dire que l'heure est venue de prendre une décision. Notre politique mondiale doit consister à créer une plus grande France conforme à nos ressources. Cette plus grande France, nous pouvons l'obtenir, nous pouvons la développer encore dans cette Afrique où nous nous sommes taillé déjà un domaine des plus importants.

En effet, au nord et au nord-ouest de l'Afrique, nous sommes les maîtres; nous l'étions aussi, il y a quelques mois seulement, dans la région que baignent le Tchad, l'Oubanghi et le Congo. Mais dans ces territoires sont enclavées bien des possessions étrangères; l'Allemagne, l'Angleterre et même l'Espagne y ont des colonies importantes qui, sans nuire à l'unité de nos possessions, sont cependant de nature à en entraver partiellement l'effort. Pourquoi ne pas essayer de les acquérir, moyennant des compensations, des rectifications de frontières, comme on dit maintenant, en Afrique et surtout ailleurs ? L'Angleterre verrait volontiers certaines de nos colonies, qui touchent à l'océan Indien, son domaine impérial, tomber entre ses mains. La percée nouvelle de l'isthme de Panama pourrait donner à l'Allemagne le désir de posséder quelques territoires sur les nouvelles grandes voies du monde. Quant aux Etats-Unis, qui manifestent l'intention d'occuper une situation prépondérante au Libéria, ils ne seraient peut-être pas fâchés de troquer cette influence contre quelque chose plus à portée de leur action immédiate.

Admettre ce principe serait de bonne politique. Au point de vue international, il permettrait de satisfaire certaines ambitions de nos voisins, tout en donnant aux nôtres un but utile, précis et légitime.

Au point de vue national, qui nous intéresse, il offrirait de grands avantages. Il permettrait de concentrer nos forces et nos efforts sur une région unique du monde, au lieu de les éparpiller un peu partout et de donner ainsi trop souvent l'impression de faiblesse. Lorsque quelques-unes de nos unités navales, vieillies, démodées et presque impuissantes, vont promener notre pavillon sur les eaux du Pacifique ou de l'océan Indien, quelle figure faisons-nous vis-à-vis des étrangers ? Quand nous jetons des millions pour construire des ports, des chemins de fer dans ces pays lointains, ces mêmes étrangers en sont des plus heureux, car ce sont eux surtout qui profitent de ces perfectionnements. Tout cet argent ne serait-il pas mieux placé en Afrique, dans cette boucle du Niger qui pourrait devenir très productive si elle était mieux outillée ? La France s'épuise en hommes et, en vue des conflits futurs, il est indispensable de ne pas gaspiller nos ressources présentes; et cependant, par la force des choses, nous en envoyons dans des contrées où le moindre souffle suffirait à les balayer. Au contraire, en Afrique, sans augmenter de beaucoup le nombre de Français chargés de maintenir l'ordre, nous pourrions trouver des ressources inépuisables de soldats qui, dressés par nous, seraient à même de défendre avec la dernière énergie leur sol natal et aussi notre domaine.

Nos armées de terre et de mer plus concentrées, voilà ce que nous gagnerions à entrer résolument dans la voie d'une politique purement africaine.

Ce n'est pas tout !

Notre marine marchande se meurt et nous payons aux armateurs étrangers de larges primes pour le transport de nos produits, de nos matières premières. Les causes de ce dépérissement, il est inutile de les rappeler ici; mais ce qu'il faut envisager, c'est que, dans notre Afrique actuelle, malgré ses imperfections, malgré son manque d'unité, notre pavillon est de beaucoup le plus favorisé. Sur ce point du monde, et presque sur ce seul point, notre situation est relativement prospère. Peut-on penser qu'une plus grande homogénéité et, par conséquent, une plus grande concentration de richesse nationale, ne serait pas de nature à augmenter encore les transactions sous notre propre pavillon ? On n'aurait plus, en tout cas, de ces navires forcés par les conventions d'atterrir en dehors des grandes voies, pour toucher à quelques-unes de nos stations coloniales éloignées, perdant ainsi un temps précieux. Seuls nos fonctionnaires coloniaux les utilisent, parce qu'ils y trouvent une économie sérieuse, tandis que les étrangers qui paient empruntent les lignes concurrentes, plus riches, plus confortables et surtout plus rapides.

Mais agir ainsi serait, pourrait-on objecter, nous priver des matières premières nécessaires à notre industrie et atteindre de singulière façon notre prestige dans le monde.

La première objection n'est pas sérieuse : l'Afrique peut nous fournir déjà la majeure partie des matières premières qui nous manquent. On ne connaît pas encore, du reste, l'étendue des ressources de ces régions; quand l'inventaire complet sera fait, quand les travaux d'irrigation, les moyens de communication seront assurés, l'Afrique sera capable de suffire à tous nos besoins et nous donnera par surcroît les produits qui nous manquent actuellement et qui sont achetés très cher à l'étranger. Qui aurait pu prévoir, il y a une trentaine d'années, que, dans les sables du Sénégal, pousseraient des arachides, qui alimenteraient un chemin de fer et de grandes usines de Marseille ?

Quant à la diminution de prestige, c'est un point de vue qu'il faut considérer non de France, mais de l'étranger. Il suffit de voyager un peu dans ces mers lointaines, où nous tenons un rang des plus modestes, pour se faire une opinion exacte. Nous sommes parfois respectés, souvent tolérés, parce que notre gloire historique est connue de tous et parce que, surtout, nous pouvons disposer de capitaux nombreux.

Ce prestige, nous le conserverons quand même.

L'histoire d'hier ne se refait pas et l'histoire de demain, basée sur la France, sur un empire africain unique et puissant, peut-elle ne pas être tout aussi glorieuse ? En ce qui concerne notre richesse, ne s'accroîtrait-elle pas de singulière façon si nos ressources, au lieu d'être éparpillées aux quatre coins du monde, étaient concentrées chez nous et pour nous ? A cette époque, où la puissance de l'or est si grande, les clients ne nous manqueraient pas, même si les couleurs nationales se montraient moins souvent que par le passé sur le Pacifique et si quelques bataillons français ne montaient la garde sur les frontières de la Chine ou du Siam.

« Lâchons l'Asie, prenons l'Afrique », ne semble donc pas être une utopie, un rêve creux, le produit d'une imagination en mal de nouveauté ! Cette formule peut servir de base à un système d'action extérieure de la France au xxe siècle. Le difficile ne serait pas de l'appliquer, mais de trouver des hommes assez au-dessus des contingences actuelles, possédant assez d'autorité, dominant assez les intérêts particuliers, pour oser la mettre en pratique. En exigeant toutes ces conditions, nous allons peut-être trop loin, car l'opinion populaire elle-même évolue, sans doute d'une façon inconsciente, vers cette idée de politique extérieure. N'a-t-elle pas, en effet, compris que, dans les accords récents qui ont été signés, la France, en morcelant l'Afrique équatoriale, enlevait à son empire de demain quelque chose de plus qu'un objet de luxe ?

III

L'ALLEMAGNE EN AFRIQUE

L'empire d'Allemagne, à ses débuts, a été essentiellement continental et européen. Bismarck, avec juste raison, ne voulait pas entendre parler d'expansion coloniale; il souhaitait que l'empire naissant fût organisé sur des bases solides, avant de songer à se répandre hors d'Europe. L'anecdote suivante, rapportée par Maurice Busch dans ses *Mémoires*, montre bien quelles étaient les idées du chancelier à cet égard : peu après la conclusion de l'armistice entre Jules Favre et Bismarck, en février 1871, parut dans le *Times* un article dans lequel on affirmait que l'Allemagne avait l'intention d'exiger, pour la paix, la livraison de vingt cuirassés, la remise de Pondichéry et une indemnité de guerre de dix milliards. « Ce ne peut être qu'un ignorant ou un individu mal intentionné qui a lancé semblable canard », s'écria le chancelier; et il donna l'ordre à son secrétaire Busch d'opposer un démenti formel à cette ridicule nouvelle.

Quelques jours plus tard, le 9 février, faisant allusion à la stupide histoire du *Times* au sujet de Pondichéry, le chancelier déclare textuellement :

« Je ne veux pas de colonies; elles ne sont bonnes

qu'à créer des sinécures. C'est tout ce que l'Espagne et l'Angleterre en font... Nous autres Allemands, si nous avions des colonies, nous ressemblerions aux nobles de Pologne; ils ont des fourrures d'hermine sur les épaules et pas de chemise dessous (1). »

Ainsi, en 1871, c'est-à-dire au lendemain de la fondation de l'empire, Bismarck estimait que le devoir de l'Allemagne était tout d'abord de s'organiser sans s'encombrer de domaines inutiles, parce que lointains, qui n'auraient été que des facteurs gênants au lieu d'être des appuis. Il était dans le vrai. Il fallaït coordonner les efforts de ces peuples nouvellement soumis à l'hégémonie prussienne, créer le commerce et l'industrie à l'intérieur, construire une flotte pour transporter, une flotte pour défendre, avant de penser à coloniser. C'est ce que l'Allemagne a fait avec une rapidité et une constance inouïes. Grâce à sa discipline sévère, à son amour du pays, aux directives qui lui ont été données et qu'elle a ponctuellement suivies, elle est devenue la première puissance européenne et veut maintenant faire sentir son action non seulement sur le vieux continent, mais sur le monde; son empire est sur la mer et par la mer.

Du reste, plus tard, le chancelier, devant les progrès étourdissants de l'Allemagne, était revenu de son intransigeance première; il fut même le premier colonial de l'empire et s'attacha à ces questions avec

(1) *Mémoires de Bismarck*, par Maurice Busch, p. 319.

la résolution qu'on lui connaît. Jusqu'à ses derniers moment, il se préoccupa de cette idée devenue si nécessaire à son pays. Ne disait-il pas à son confident et secrétaire Maurice Busch, à propos de Zanzibar :

« Il n'aurait jamais fallu laisser cette île aux Anglais. Nous devions tout simplement rester comme nous étions. Puis, lorsque l'Angleterre aurait eu besoin de nos bons offices contre la France ou contre la Russie, nous aurions pris ce que nous aurions voulu. Dans l'intervalle, nos marchands, qui sont adroits et qui, comme les juifs, se contentent de petits profits, auraient eu la haute main sur les affaires là-bas... Mais faire ce qu'a fait Caprivi et prendre Heligoland comme équivalent montre plus d'imagination que de raisonnement. »

Dans cette citation est contenue toute la doctrine coloniale du chancelier, qui voyait surtout dans les territoires d'outre-mer des centres de commerce, de transactions, plus que des organes de puissance et de domination. Cette doctrine n'a pas résisté aux événements. Ce ne pouvait être qu'une théorie d'attente pour une grande nation. En effet, le sentiment qui a poussé l'Allemagne à devenir puissance coloniale ne doit pas être recherché seulement dans le désir d'avoir, comme un personnage illustre et riche, des propriétés à la campagne, une villa sur la Riviera, des châteaux en Espagne; on doit le découvrir dans le développement économique vraiment extraordinaire de l'empire allemand dans ces quarante dernières années, dans l'accroissement toujours grandissant de sa population. Avoir des colonies est devenu pour l'Allemagne une nécessité de l'existence.

Pendant la période d'organisation, cette nécessité s'était déjà fait sentir et les Allemands l'avaient résolue en créant des courants d'émigration vers des pays déjà civilisés, neufs et riches. L'Amérique les tenta tout d'abord; ils y installèrent de véritables colonies qui, toujours disciplinées, augmentaient d'une façon constante le rayon d'action du commerce et de l'industrie de la patrie allemande. Puis ils se montrèrent dans la Méditerranée, dans les Echelles du Levant; enfin, dans les régions d'Extrême-Orient, en Chine, en Australie. Le monde civilisé fut bientôt envahi par les Allemands et inondé de leurs produits.

Mais cela ne fut bientôt plus suffisant. Quelques explorateurs tout aussi disciplinés, tout aussi confiants dans la puissance de leur pays que les colons et les commerçants, s'arrêtèrent sur les terres encore mal définies au point de vue de leur possession et y plantèrent l'aigle impériale. L'Allemagne avait mordu à l'idée coloniale; elle fut mise en appétit et, maintenant, celui-ci est formidable.

× ×

Il y a à peine trente ans, l'idée coloniale n'était pas populaire en Allemagne, sauf dans l'entourage immédiat du chancelier, qui, avec son autorité habituelle, avait su imposer ses vues à quelques intimes. A cette époque, dans les cafés-concerts, dans les théâtres, on ne parlait pas du Kamerun ou d'Angra-Pequeña sans amener des sourires incrédules, sinon des rires inextinguibles. Bismark tint bon et mit, à force de persévérance et de volonté, bien des rieurs de son côté.

Quand, en 1884, il déclara haut et ferme que l'Allemagne prétendait devenir puissance coloniale; que, malgré l'heure tardive, elle voulait participer au partage de l'Afrique, il rencontra une vive opposition dans son pays; on l'accabla de sarcasmes. Quant à l'étranger, il ne prit pas généralement au sérieux cette déclaration pourtant catégorique, sauf peut-être en Angleterre, où on témoigna une certaine irritation, car on y sentait poindre la menace qui ne s'est que trop réalisée depuis.

Le temps pressait, il fallait agir vite. L'Afrique, en effet, était le seul pays où on pût faire encore de grandes acquisitions; mais le continent était déjà mis au pillage par la France, l'Angleterre, le Portugal, et peu de places restaient encore vacantes. Aussi en trois ans, de 1885 à 1887, Bismark signe-t-il trois conventions avec l'Angleterre, destinées à déterminer les zones d'influence, les sphères d'intérêt de chaque peuple. Nous assistâmes sans broncher à ces accords, et cette neutralité bienveillante facilita la tâche de l'Allemagne. On ne prévoyait à cette époque ni l'Entente cordiale, ni Agadir ! Désormais l'Allemagne s'immiscait dans les affaires africaines, comme elle devait plus tard le faire dans toutes les parties du monde. En 1890, un office colonial et une division coloniale, dépendant du ministère des affaires étrangères, étaient créés à Berlin; c'était la consécration définitive de l'idée d'expansion.

Cette idée venait à son heure, elle répondait à cette loi historique qui veut qu'un peuple ne cherche à coloniser utilement que lorsqu'il a parachevé son unité territoriale et nationale. Cependant, sous la forme qu'avait imaginée Bismark, forme essentiellement commerciale, le domaine impérial ne pouvait se développer. Il fallait à la politique extérieure une autre orientation basée sur la puissance du pays et le gouvernement effectif des contrées acquises. C'est ce que comprit vite l'Allemagne. Mais, avant de marquer les grandes étapes de cette évolution, il est nécessaire de jeter un rapide coup d'œil sur l'empire colonial, tel qu'il existe à l'heure actuelle.

La première plage sur laquelle abordèrent les Allemands est située au sud-ouest de l'Afrique, à Angra-Pequeña. C'est là que, seulement en avril 1883, un marchand brémois, Adolf Luderitz, acheta, pour 200 fusils et 2.000 marks, la baie et les déserts d'alentour. Cette nouvelle, communiquée à l'Office des affaires étrangères de Berlin, détermina Bismark à télégraphier à son consul à Capetown, d'avoir à notifier aux autorités de la colonie que le Luderitzland était placé sous la protection impériale. L'Angleterre réclama Walfishbay et les îles à guano et ajouta que la côte, de l'Orange au Kounéné, était dans la sphère d'influence de la colonie du Cap; néanmoins l'Allemagne maintint ses prétentions; seule la baie de la Baleine (Walfishbay) restait à l'Angleterre. Clle-ci, pour empêcher la jonction du nouveau territoire impérial avec les Niederdeutsche, les Boers du Transvaal et de l'Orange, occupa le Bechuanaland et régla, en 1890, les limites de l'expansion allemande vers le nord-est du côté du Zambèze, sur lequel les rêveurs coloniaux de Berlin avaient déjà jeté leurs vues.

Cette nouvelle colonie devait causer aux Allemands beaucoup de déconvenue. Ils eurent à vaincre des révoltes sanglantes, qu'ils réprimèrent rudement. Mais, même à présent, après complète pacification, ils ne tirent de ces régions que des bénéfices peu importants. Le seul grand avantage que présente cette colonie est d'être un pays où les Européens peuvent vivre; mais il ne semble pas que les Allemands y aient émigré en grand nombre.

Les autres territoires allemands d'Afrique sont à peu près contemporains du Sud-Ouest. Leur prise de possession date de 1884, sauf en ce qui concerne notre Congo, qui leur fut cédé en partie en 1911 par le traité du 4 novembre.

Sur les rives du golfe de Guinée, dans le territoire indépendant du Togo, quelques commerçants de Brême avaient établi, vers 1880, des comptoirs et des factoreries. Menacés par les indigènes, soulevés disait-on par les Anglais, ces négociants demandèrent l'appui de leur gouvernement. A la suite de ces événements un rapport fut demandé par le chancelier aux villes hanséatiques et le docteur Nachtigal, désigné pour faire une enquête sur place, fut envoyé au Togo sur un navire de guerre. Débarqué le 5 juillet 1884 à Bagida, le célèbre explorateur fit signer aussitôt une demande de protectorat au roi de Togo. Le Togoland était créé en façade sur la mer. Ses limites devaient être fixées avec la France par le traité du 24 décembre 1885, et avec l'Angleterre par la convention du 1er juillet 1890. Quant à l'hinterland, malgré les efforts du Togo-Komitee et les expéditions Gruner et Carnap, il ne put être poussé jusqu'au Niger; la mission Decœur, en opérant la jonction de la Côte d'Ivoire et du Dahomey, limita l'expansion allemande.

Le traité de 1897 avec la France réglait définitivement la question, à notre détriment jusqu'à un certain point, puisque nous cédions la rive gauche du cours inférieur du Mono. Nous perdions ainsi une des principales portes de sortie sur le golfe de Guinée et, par cela même, une part importante de l'influence qui nous était échue. Les Anglais, en conservant les deux rives de la Sangha à la frontière occidentale, ont agi d'une façon plus conforme à leurs intérêts.

En quittant le Togoland, le docteur Nachtigal accosta au Kamerun, où étaient établies depuis environ deux ans un petit nombre de factoreries hambourgeoises. Arrivé le 14 juillet 1884, deux jours seulement avant les agents de la compagnie du Niger, il profita de son arrivée pour signer quelques traités avec les rois nègres de la côte. Des missions patronnées en particulier par le Kamerun-Komitee, voulurent alors tenter de pénétrer dans l'hinterland, que les Anglais et les Français convoitaient. Nos explorateurs Monteil, Mizon, Maistre gagnaient du terrain dans les bassins du Niger, du Tchad et du Congo. Aussi, afin de nous couper la route, Anglais et Allemands se réconcilièrent et, par la convention du 15 novembre 1893, délimitèrent leurs possessions, ou plutôt leurs prétentions. N'empêche que l'accès du Tchad à l'ouest et au sud-ouest nous était fermé. Heureusement pour nous, les négociations entamées par M. Haussmann et le commandant Monteil aboutirent à la convention qui nous laissait le Congo et une partie du bassin du Tchad. Malheureusement, dix-sept ans plus tard, à la suite d'une aberration de notre politique, les Allemands nous obligeaient à leur céder du terrain et plantaient victorieusement leur drapeau, en pleine paix, sur les rives de l'Oubanghi et du Congo.

Ainsi que le disait Bismarck, les commerçants allemands avaient fait de bonne besogne dans les Etats du sultan du Zanzibar. Etablis depuis plus de vingt ans dans ces régions, ils avaient dominé, et de beaucoup, par leurs chiffres d'affaires, leurs concurrents anglais et français. Leur situation était tellement forte que, vers 1874, le sultan demanda le protectorat allemand; cette demande ne pouvait être accueillie, par suite des clauses de la convention de 1862. Quelques explorateurs avaient parcouru les régions qui forment actuellement l'Est africain. La richesse du pays, sa fertilité décidèrent, en avril 1884, un jeune docteur allemand, Karl Peters, qui venait de fonder à Berlin la « Société pour la colonisation », à partir pour l'Afrique en compagnie du comte Pfeil et de deux autres de ses amis. Ils passèrent de nombreux traités avec les rois indigènes de ces régions et en confièrent l'exploitation à la *Deutsche Ost Afrikanishe Gesellschäft*, compagnie à charte autorisée par l'empereur d'Allemagne. Mais le rivage de la mer appartenait toujours au sultan de Zanzibar. Pour le convaincre de la nécessité de donner un débouché à ses nouvelles colonies, l'Allemagne envoya une flottille croiser devant Zanzibar. L'argument était décisif. Dar-el-Salam fut concédé en 1886 et, deux ans plus tard, une grande bande de littoral était cédée à bail à la compagnie à charte. Enfin, en 1890, après l'expédition de Von Wissmann, le traité anglo-allemand délimitait l'Est africain. A cette affaire, qui nous intéressait assez, puisqu'il s'agissait d'un territoire garanti en tiers par la France, nous obtenions la reconnaissance de nos droits sur Madagascar. Les Allemands prenaient possession d'un territoire plus grand que l'Allemagne, mais étaient arrêtés au Kilima-Ndjaro et écartés définitivement des sources du Nil, au profit de l'Angleterre.

Pendant vingt-deux ans il ne fut plus question en Allemagne de nouvelles acquisitions en Afrique. Cependant, aux tentatives esquissées, soit par l'envoi de missions en Abyssinie, soit par l'intervention personnelle de l'empereur au Maroc, on sentait bien que l'appétit germanique n'était pas satisfait. En pâture nous venons de lui donner une partie de notre Afrique équatoriale, dans les conditions que l'on sait. Qu'est-ce que cela, 250.000 kilomètres carrés avec 1 million d'habitants et 2 millions de recettes ? Une misère, un simple hors-d'œuvre, qui ne fait qu'aiguiser les dents déjà très longues de notre voisin de l'Est.

Sur d'autres points du globe, et à peu près vers la même époque, l'action allemande s'est manifestée. En Australie, sur la nouvelle route que le percement de l'isthme de Panama va ouvrir incessamment, ils acquérirent de nombreuses îles, des terres d'avenir au point de vue politique surtout. En Chine, ils prirent pied plus tard, manifestant ainsi l'intention de ne rester étranger à aucun acte international important. En Amérique, ils ne peuvent avoir de territoire à eux; mais leurs nationaux, envoyés par milliers soit au nord, soit au sud, ont créé des colonies puissantes qui sont pour la patrie allemande, non seulement des consommateurs fidèles, mais de précieux auxiliaires pour le développement du commerce et la diffusion des produits.

Bref, si l'on considère l'époque tardive à laquelle l'Allemagne a pu se livrer à la colonisation, on est surpris du chemin parcouru et des résultats acquis. Près de 3 millions de kilomètres carrés, peuplés de plus de 8 millions d'habitants, tel est le bilan de cet effort d'un empire qui date seulement de 1871.

× ×

A l'origine, le développement colonial allemand fut l'œuvre exclusive de l'initiative privée. Des commerçants aventureux créaient des comptoirs; des explorateurs allaient atterrir sur des rivages inconnus, ou connus sans maîtres et appuyés par des

Gesellschäfte quelconques, y plantaient le drapeau national. Tous ces efforts individuels, qui pour d'autres peuples eussent été stériles, ont été, par suite de l'esprit patriotique et discipliné des Allemands, concentrés et, en fin de compte, ont déterminé le chancelier à les coordonner. Bismarck, en effet, si hostile au début à des rêves lointains « comprit bientôt que, dans un temps où le globe se partage et où il ne restera bientôt plus un îlot du Pacifique ou un arpent de l'Afrique sans maître, il convenait de se décider (1) ». Mais son idéal était de favoriser autant qu'il le pouvait les compagnies privées qui auraient eu l'initiative du mouvement, en laissant l'Etat en dehors de la gestion et de l'administration. En un mot, c'était plutôt une impulsion commerciale qu'un développement colonial proprement dit.

Le chancelier disait encore à ce sujet, le 26 juin 1884 :

« Il n'est pas dans notre intention de fonder en Afrique des provinces, mais des établissements commerciaux. »

Il entendait tout laisser à l'activité et à l'esprit d'entreprise de ses compatriotes voyageurs et commerçants.

Survinrent les révoltes inévitables à une occupation première, faite par des commerçants ou des explorateurs qui n'avaient avec eux que des ressources assez maigres et pas de soldats. Les compagnies furent assez vite dans un état déplorable; elles dépen-

(1) Ch. Andler, *Le Prince de Bismarck*, p. 281.

sèrent leurs faibles capitaux dans des expéditions énergiques et brutales, et, quand elles eurent noyé les révoltes dans le sang, leurs finances étaient fortement obérées. L'empire prit alors en mains le gouvernement des possessions lointaines et devint, par la force des choses, un Etat colonial.

On ne s'improvise pas du jour au lendemain peuple colonisateur. L'Allemagne en fit la dure expérience. On voulut régir les domaines d'outre-mer comme des provinces du Brandebourg ou de Silésie; on voulut tout réglementer à la prussienne avec hiérarchie et discipline; on confia l'administration à des gens que ni leur éducation ni leur instruction ne préparait à cette tâche ingrate; on envoya des ordres de Berlin sans savoir s'ils s'adapteraient au milieu auquel ils devaient être appliqués ! Les résultats ne furent pas brillants. De plus, les nouveaux fonctionnaires, déjà si arrogants en Europe vis-à-vis des nations voisines, se laissaient aller à toute la fougue de leur tempérament orgueilleux vi-à-vis des populations nègres. Leur seule manière de se faire respecter et supporter était de se faire craindre. Cette méthode de gouvernement, basée sur la force et sur la bureaucratie, engendra des révoltes, sans amener des résultats appréciables au point de vue du développement économique.

Pour réprimer les rébellions, le fonctionnarisme céda le pas au militarisme. Celui-ci sévit cruellement. Les expéditions Wissmann dans l'Est africain, Leist au Kamerun, Trotha dans le Sud-Ouest africain, laissèrent parmi les indigènes une impression douloureuse. Ce système amena la pacification, mais sans aucun bénéfice. Le domaine colonial végétait et coûtait très cher.

Cependant, petit à petit, les idées se modifiaient en Allemagne au sujet du gouvernement des colonies. Le prince de Hohenlohe, afin de gagner le centre catholique, prétendit donner à sa politique « une base idéale et religieuse ». Aussi, au lieu du fonctionnarisme pur ou du militarisme pur, fit-on un agréable mélange des deux systèmes. Après s'être bien moqué à Berlin des méthodes coloniales françaises ou anglaises, les Allemands les adoptaient en partie en les exagérant encore.

Cependant, bien que la situation présentât encore des inconvénients dus à la rivalité de caste entre fonctionnaires et militaires, dus aussi à l'esprit allemand qui veut que tous les détails d'une administration soient hiérarchiquement fixés et que l'initiative en vienne de Berlin, une expérience coloniale se créait petit à petit et de véritables coloniaux se formaient. Ainsi, se façonnait une doctrine coloniale de gouvernement, en même temps qu'un parti puissant et bruyant alimentait en Allemagne le goût de l'expansion extérieure. Sans doute bien des erreurs se commettaient encore et se commettent tous les jours; mais néanmoins les colonies germaniques semblent avoir dépassé cet âge où l'on balbutie, en quête de mots et de formules.

Un point de vue qu'il est important de considérer lorsqu'on étudie les colonies allemandes, c'est le rapport existant entre l'empire et ses domaines d'outre-mer. Ceux-ci ne font pas partie intégrante de l'Allemagne : ils ne sont que des *Schützgebiete*, des sortes de protectorats, dont l'empereur est seul maître. Il résulte de cette conception que l'action du gouvernement n'est pas limitée par la souveraineté, diminuée il est vrai, des Etats confédérés, et qu'elle s'exerce pleine, entière et directe (1). Au point de vue législatif, au point de vue administratif, l'autorité impériale se développe pour ainsi dire sans contrôle et sans conseil; car il ne faut pas croire que les *gouvernementsräte*, créés en 1903, aient une action immédiate sur la direction des affaires. Ils ont des attributions consultatives tout au plus et ne lient obligatoirement en rien les décisions prises. En résumé, l'empereur est tout-puissant en ce qui concerne les *Schützgebiete*, et la seule limite qui lui est imposée est celle découlant du vote obligatoire des crédits par le Parlement (loi du 30 mars 1892). Cette organisation donne des résultats plus actifs, plus rapides, mais néanmoins expose à bien des erreurs de direction, à bien des fautes de détail, comme tout système basé sur l'absolutisme.

Au début, les colonies relevaient du ministère des

---

(1) Lois de 1886 et de 1900 sur l'organisation des *Schützgebiete*. C'est en vertu de ces lois que l'accord franco-allemand ne fut pas soumis aux assemblées élues qui n'avaient rien à voir dans l'acquisition ou l'échange des territoires coloniaux. Cependant, à cette occasion, des plaintes se sont élevées et, le 5 décembre 1911, le Reichstag votait une motion d'après laquelle il demandait qu'une loi d'empire fût nécessaire pour l'acquisition ou la cession d'une colonie, ou de parties d'une colonie, une exception étant faite pour les rectifications des frontières.

affaires étrangères, car il fallait pouvoir solutionner, dans les meilleures conditions internationales possibles, les difficultés nées des idées d'expansion. Il s'agissait de tailler l'empire d'outre-mer aux dépens d'intérêts ou de droits acquis par d'autres peuples. Quand les limites furent à peu près précisées, dès 1890, les établissements d'outre-mer furent confiés à une section spéciale du même ministère. Cette organisation de transition ne pouvait durer. Les affaires coloniales proprement dites prenaient de jour en jour plus d'extension et le ministre des affaires étrangères ne pouvait y suffire, car seul il avait le droit, avec le chancelier, de les traiter devant le Reichstag. D'autre part, l'empereur n'aurait pas été fâché de pouvoir placer à la tête du nouveau département un homme qui aidât ses vues personnelles d'expansion. Malgré l'opposition du Reichstag, qui fut une fois dissous, malgré les efforts de Bebel, le leader socialiste, qui fit remarquer que cette indépendance donnée au nouveau ministère serait une prime à l'ambition et, par cela même, un danger pour la paix, le projet fut adopté. Les ambitions coloniales allemandes ont, depuis 1907, un parti et un organe d'exécution indépendant. Avec cela, il est possible de faire de bonne besogne. Nous en savons quelque chose.

Quoi qu'il en soit, les colonies allemandes d'Afrique se sont bien développées et, depuis 1908 surtout, leur mouvement commercial a pris une ampleur de bon augure. Ce mouvement en trois ans serait passé, d'après le *Kolonial Zeitung*, de 115 à 195 millions de marks.

Ce n'est pas encore la prospérité, mais l'aisance qui commence. Un signe de ce développement économique est l'ardeur avec laquelle est poussée la construction des chemins de fer. D'ici trois ou quatre ans, le rail percera de part en part l'Est africain et joindra le Tanganyika à Dar-es-Salam. Dans le sud-ouest, l'exploitation devient possible, grâce aux voies ferrées. Enfin, au Cameroun, qui sait ce que réserve l'avenir aux Allemands et maintenant aussi aux Français ?

Ainsi donc les colonies allemandes d'Afrique sont sorties de la période de création et d'installation. Leur organisme est devenu indépendant et suffisamment robuste pour servir de base à une expansion nouvelle. Ce ne sont plus des embarras, mais des aides. L'empire peut s'en servir pour ses desseins de politique mondiale.

× ×

Quels peuvent être ces desseins ? Depuis quarante ans, avec une incroyable énergie, l'Allemagne est devenue la puissance qui doit et peut faire sentir son action partout. Dotée d'une armée solide et toujours grandissante, qui lui assure le respect de l'Europe continentale, appuyée sur une marine de guerre dont l'importance augmente chaque année, grâce à une obstination raisonnée, et sur une marine marchande dont le nombre des unités grossit sans cesse, l'Allemagne peut oser se poser en concurrente des nations mondiales.

En Afrique, nous avons vu qu'elle s'était créé un domaine des plus importants. En Asie, ses efforts l'ont amené à prendre position en Chine, à l'époque où on était convaincu que le grand empire d'Extrême-Orient était mûr pour un démembrement. En Amérique, elle a créé des groupements puissants, surtout au Brésil, à la République Argentine, au Chili, au Pérou. Elle possède dans ces pays des noyaux compacts, de véritables colonies parasites, qui assurent à son commerce des débouchés sérieux et à sa politique des points d'appui de premier ordre. En Australie, enfin, elle a réussi à prendre pied et à se créer un empire colonial dont l'ouverture du canal de Panama augmentera l'importance. Ainsi partout l'Allemagne a dévoilé sa personnalité brutale, ambitieuse, confiante en ses destinées.

Telle était la situation au début de l'année 1911. On pouvait penser alors qu'un temps d'arrêt surviendrait, que l'ère des conquêtes était close. C'était une erreur, et la France a pu bientôt constater douloureusement que le poing allemand était toujours tendu, que la destinée impitoyable poussait ce pays toujours plus en avant vers l'hégémonie mondiale.

L'Afrique tente en ce moment les appétits allemands d'une façon toute particulière, et c'est sur ce continent que les yeux des pangermanistes sont ardemment dirigés. L'affaire d'Agadir et la conclusion des accords franco-allemands au sujet du Maroc et du Congo, sont les résultantes de ces désirs. Bien que le chancelier se soit défendu d'avoir eu des ambitions territoriales sur ce premier pays, il n'en est pas moins vrai que si la France, et surtout l'Angleterre, n'avaient manifesté leur intention ferme de ne pas céder, le drapeau allemand flotterait sur les rivages du Maghreb. Mais, s'ils ne pénètrent pas au Maroc par la force, ils se sont fait livrer une porte commerciale bien grande, bien largement ouverte, qui leur permettra d'agir en toute sécurité à notre détriment, à l'abri de nos couleurs nationales. Qui sait si, tout bien considéré, il n'aurait pas été plus avantageux d'avoir les Allemands pour voisins, cloisonnés dans des frontières dont on aurait pu assurer l'étanchéité, que des les rencontrer partout comme concurrents et comme rivaux. Il en serait résulté pour nous un danger sérieux, mais connu, tandis que maintenant nous aurons à lutter constamment, sur tous les points du Maroc, contre des menées d'autant plus redoutables que l'on ne les connaîtra que par les résultats acquis. Si nous faisons preuve de la moindre faiblesse, nous serons vite submergés. Il faudra, de la part du gouvernement, une énergie résolue et, de la part de nos commerçants et de nos industriels, une initiative féconde et active pour rester maîtres d'un marché si largement ouvert. La partie n'est pas perdue : elle ne peut être que compromise suivant notre façon d'agir.

Les Allemands, évincés du nord de l'Afrique, manifestent l'intention de se tailler un empire dans l'Afrique équatoriale. Il y a quelques mois encore, leur situation dans ces régions était la suivante : à l'ouest, le Kamerun, vaste pays qui s'enfonce jusqu'au Tchad; à l'est, l'Est africain, qui s'arrête aux grands lacs Victoria, Tanganyika et Nyasa. Quel beau rêve ce serait de pouvoir réunir ces deux établissements. Que fallait-il pour cela? Jeter un pont au travers du Congo français, afin de n'avoir plus qu'un seul voisin gênant : la Belgique. Le problème a été résolu à l'occasion du Maroc; grâce à des erreurs que l'on sait, le domaine allemand aboutit à l'Oubanghi et au Congo, séparé seulement de la possession belge par un Rubicon, plus large que le véritable, mais qui ne formera pas obstacle.

De la sorte, nous avons rompu l'unité de nos possessions équatoriales et avons livré passage à l'Allemagne, qui devient ainsi, dans deux directions, voisine du Congo belge. Aussi M. Pichon a-t-il pu, avec juste raison, dire au Sénat le 8 février 1912 :

« Le traité du 4 novembre est un compromis, une étape; vers quel avenir ? C'est le point sur lequel il est permis de n'être pas rassuré. »

L'Allemagne, du reste, ne cache pas son jeu maintenant. Déjà nos concessions congolaises ne lui suffisent pas. Voici ce qu'on peut lire dans ses journaux :

« Dans deux ans d'ici, après une étude attentive du pays, nous aurons pu choisir l'emplacement où doit aboutir le chemin de fer du Kamerun; le moment sera venu. Alors nous proposerons aux Français d'échanger les deux pattes du canard contre un territoire convenable situé sur la frontière du Congo belge. Si les Français n'y consentent pas, nous attendrons, mais il est probable qu'ils y consentiront, parce qu'ils ne sont pas tous déraisonnables. »

Ainsi nous voilà prévenus : dans deux ans le *Panther* ira peut-être faire croisière devant Libreville.

Mais là ne s'arrêtent pas les ambitions allemandes, Alors que l'Angleterre et l'Allemagne étaient unies contre la France coloniale, ces deux puissances signèrent, en 1898, une convention destinée à assurer d'une façon équitable le partage des colonies portugaises, au cas où elles tomberaient en déshérence. A l'Allemagne reviendrait une partie de l'Angola et du Mozambique, à l'Angleterre le reste de ces colonies. Cette combinaison élégante était alors possible, car elle ne mettait pas d'obstacles à la construction du Transafricain du Cap au Caire. D'autre part, à cette époque, le Katanga était à peine connu et la voie ferrée de la baie de Lobito n'existait même pas à l'état de projet. Maintenant, les données du problème sont changées. Ce n'est pas que les convoitises ne soient pas les mêmes, sinon plus grandes, mais l'Allemagne et l'Angleterre semblent rivales; leur politique mondiale se heurte sur bien des points et le Katanga est devenu assez anglais pour que la Grande-Bretagne s'oppose à voir son chemin d'accès barré par un territoire germanique. Dans ces conditions, il peut paraître assez difficile de s'entendre; néanmoins, il ne faudrait pas se fier aux apparences. Les journaux presque chaque jour lancent à ce sujet des nouvelles tendancieuses, qui ne donnent lieu à des démentis que de la part du Portugal. Puis, n'est-il pas de règle que les méfiances, les haines cessent pour un temps quand il s'agit d'acquérir un héritage? Une fois le partage exécuté, les ressentiments renaissent. Qu'est-ce que l'intérêt ne fait pas faire aux hommes comme aux nations ?

Ainsi donc, l'Allemagne peut s'agrandir en Afrique et elle y songe. Quelles seront désormais ses premières victimes ? La France, la Belgique ou le Portugal ? Nous avons déjà payé un large tribut; de notre volonté énergique dépendent nos destinées. Quant à la Belgique et au Portugal, trop faibles par eux-mêmes pour résister à la puissante poussée germanique, ils ne conserveront leurs colonies que si l'Angleterre y a intérêt ou si la France s'y oppose au besoin, par la force. Leur *statu quo* est désormais l'enjeu d'une guerre ou d'un marché.

IV

LE PORTUGAL EN AFRIQUE

Penché par la nature vers cet océan, limite du monde ancien, poussé vers l'inconnu des eaux profondes par les courants qui viennent des hauts plateaux de la péninsule Ibérique, le Portugal devait forcément chercher son avenir sur les mers. Il n'a pas manqué à la destinée qui lui était dévolue et, son unité assurée, se jeta, avec toute la fougue idéaliste d'une race latine, à la découverte des mondes.

Rampant d'abord le long des côtes, comme des aveugles qui ne peuvent affronter les incertitudes du haut du chemin, et prennent pour se diriger appui sur les murs, les hardis navigateurs portugais élargissent chaque jour l'horizon. C'est le continent noir qui les attire en premier, car en le longeant on peut espérer découvrir cette route des Indes qui mène à la richesse, sinon au bonheur. Alors que les autres peuples se contentent de la navigation intérieure des mers fermées, le Portugal aspire à faire plus grand; dès le XIVe siècle, il commence cette pérégrination magnifique autour du continent africain, qui donne à la géographie des bases solides et au peuple lusitanien une gloire immortelle.

× ×

Mais les siècles se sont écoulés; de cet empire, le plus grand du monde, ne restent à l'heure actuelle que des témoins, jalonnant les terres et les mers; encore sont-ils âprement disputés par les grands, les forts, les puissants. Bientôt, peut-être, des travaux héroïques des Diégo Carn, des Diaz, des Vasco de Gama, ne restera qu'un souvenir comme celui que l'épopée homérique a transmis aux générations dans une langue immortelle.

× ×

Du xve au xviiie siècle, ce sont les Portugais qui ont écrit la plus belle page de l'histoire africaine. Ce sont eux qui, après avoir fixé les contours du grand continent, en ont sinon opéré, du moins préparé la pénétration en fondant des comptoirs, des établissements aux portes de sortie de cet énorme bloc resté à peu près inviolé jusqu'à nos jours. Les travaux de ce petit peuple portugais ont été si remarquables, les possessions conquises et organisées si vastes, que les grandes nations colonisatrices venues par la suite ont dû, pour satisfaire leurs ambitions, dépouiller le royaume lusitanien de ses plus beaux domaines. La loi du plus fort fut leur seule excuse, car ils n'auraient pu trouver sur les rives africaines que bien peu de points sur lesquels le Portugal ne pouvait prétendre. Gambie, Côte d'Or, Dahomey, Kamerun, Congo français et belge, Damaraland, Zambèze, Est africaïn, Mashonaland, tous ces territoires ont appartenu en droit au Portugal par la découverte ou par occupations au moins partielles. Il en est de même des Canaries, de Ceuta, de la côte atlantique du Maroc, de Fernando Po, d'Annobon, de l'Ascension, de Sainte-Hélène et de Socotora.

L'initiateur de ce mouvement colonial intense fut le prince Henri, que la postérité a surnommé le Navigateur. Du haut de son observatoire de Sagrès, d'où il pouvait suivre les départs de ses vaisseaux lancés par lui à la conquête des vastes mers, ce prince s'entoura de marins, de navigateurs, de géographes, de savants; il consulta la fameuse carte catalane de 1373, lut probablement les ouvrages d'Edrisi et acquit ainsi la conviction qu'en naviguant le long des côtes de l'Afrique occidentale, il atteindrait les places de Sofala, de Quiloa et de Mélinde, d'où on pourrait gagner les Indes. Aussi, sans perdre de temps, voulut-il mettre à exécution son projet. Des expéditions furent lancées pour découvrir la route des Indes. La première date de 1415 et ce n'est que quatre-vingt-deux ans plus tard, en 1497, que l'illustre Vasco de Gama, doublant la pointe méridionale de l'Afrique, parvint au but entrevu par Henri le Navigateur.

Pendant cette période, les découvertes se succèdent avec un esprit de suite remarquable et une ténacité admirable.

La corne occidentale du continent noir fut le premier objectif désigné à l'audace des navigateurs portugais. En 1415, Ceuta est prise, puis la conquête du

Maroc se continue avec des alternatives heureuses et malheureuses pendant près de cent ans.

En 1509, à la suite du traité de Cintra avec l'Espagne, le Maroc est partagé entre les deux puissances. La première reçoit la côte atlantique, à l'exception de Santa-Cruz de Mar Pequeña, et la seconde la rive méditerranéenne. Lorsque le Portugal devint espagnol, en 1580, ses possessions marocaines furent prises par le vainqueur, qui s'aperçut « que l'action portugaise en Afrique, avait dépassé de beaucoup en méthode, en persévérance et en intensité, celles de l'Aragon et de la Castille » (1). Le royaume lusitanien aurait donc eu à faire valoir, lors de la liquidation marocaine, des droits plus sérieux que l'Espagne.

Pendant ce temps, les Portugais ne perdaient pas de vue leur but principal : atteindre les Indes en contournant l'Afrique. Madère est découverte en 1419 par Gonzalvez Zarco, qui lui donna le nom que cette île porte, à cause des superbes forêts qui la couvraient. Quelques années plus tard, Gil Eannès franchit le cap Bogador. Puis c'est le cap Blanc qui est doublé. Lancarote reconnaît le Sénégal qu'il prend pour le Nil. A cette occasion, il fait un assez grand nombre de prisonniers qui furent vendus. De cette époque, dit-on, date le commerce régulier des esclaves.

Diego Gomez, avec le concours du Gênois Antonio de Nolle, au service du Portugal, atterrit aux îles du

(1) De Riparaz, *Politica de España en Africa.*

cap Vert vers 1450. A cette époque toute la côte occidentale de l'Afrique et les îles adjacentes sont donc découvertes et occupées par les Portugais jusqu'à la Gambie ou la Casamance.

Les expéditions se multiplient alors. Toutes les rives du golfe de Guinée sont tour à tour explorées, préparées pour le développement commercial; au fur et à mesure des progrès, des comptoirs, des factoreries jalonnent la route et commencent à créer des courants commerciaux avec les indigènes. Les îles Fernando Po, du Prince, Sao Thome, sont à leur tour visitées par les navigateurs portugais. Diego Cam franchit l'équateur en 1471.

Désormais la grande exploration commence et la fin du xve siècle assiste aux efforts merveilleux des Barthélémy Diaz, des Vasco de Gama, qui terminent le périple de l'Afrique et permettent de fixer les limites du grand continent noir. La grande route des Indes est découverte et jalonnée !

On peut dire qu'à cette époque toute l'Afrique est portugaise, sauf dans le bassin de la Méditerranée. Et l'action ne se limite pas complètement aux côtes : elle s'efforce de s'étendre à l'intérieur. Depuis le voyage de Covilham, les Portugais ont noué des relations avec les souverains d'Abyssinie. Dans la région du Congo et du Zambèze, ils font rayonner leur influence. Les mines d'or du Manica et du Mashona attirent de bonne heure leur attention. Ils pénètrent au Monomotapa; ils en font des récits dont les poètes nous ont transmis les échos. Tous ces travaux ne furent malheureusement pas très connus. Avec un soin jaloux, les Portugais cachaient les résultats de leurs découvertes, pour en conserver le monopole d'exploitation. Ce n'est guère qu'à notre époque que le voyageur anglais Bowdich révéla au monde savant les travaux admirables des explorateurs lusitaniens.

Pendant près de deux siècles (les XVIIe et XVIIIe), l'Afrique fut laissée dans l'abandon. Seul le commerce des côtes se poursuivait, offrant aux navigateurs allant aux Indes des ressources en vivres et en produits précieux. L'attention était dirigée sur l'Amérique et sur l'Asie, dont l'exploitation était facile et rémunératrice. L'Afrique ne servait qu'à procurer les esclaves nécessaires à la mise en valeur du nouveau continent.

Cependant, les Portugais furent à peu près les premiers à entreprendre, à la fin du XVIIIe siècle, l'exploration du continent dont ils tenaient la plus grande partie des côtes. Leurs explorateurs et pionniers, franchissant les sérieux obstacles que la nature a jetés sur les rives africaines, avaient pénétré ces forêts immenses, ces savanes sans fin, réserves précieuses d'hommes pour les chasseurs d'esclaves, réserves non moins précieuses d'animaux, de plantes, de minéraux, que seule notre génération a su exploiter. Ils avaient effectué la traversée de l'Afrique d'un océan à l'autre; mais qui pouvait le savoir ? Seules quelques relations de voyage ont été connues des contemporains. Lacerda, puis Monteiro et le capitaine Gamitto, pénètrent dans le royaume du Kazembé dès 1798; Livingstone devait le découvrir soixante-dix ans plus tard. Le jeune Pereira, à peu près vers la même époque, atteint les lacs Bengwelo et Moéro et la source la plus méridionale du Congo. Plus tard, Serpa Pinto se propose de descendre le Koango et le Kassaï jusqu'à leur rencontre avec le Congo et d'explorer le cours inférieur de ce fleuve; mais Stanley venait d'effectuer son premier voyage; aussi part-il de Benguela, se dirigeant par Biché vers le Haut-Zambèze, atteint les chutes de Victoria et, par Prétoria, arrive au Natal. Il avait opéré ainsi la quatrième traversée de l'Afrique.

Ces travaux furent en grande partie inutiles. Le Portugal ne pouvait les exploiter pour son propre compte, étant donné la modicité de ses ressources en hommes et en capitaux. La science elle-même n'y gagna pas grand'chose; car, depuis la carte de Ribeiro publiée en 1529, les Portugais gardaient pour eux le secret de leurs découvertes. Ainsi, ceux qui auraient eu le plus grand avantage à ouvrir l'Afrique à leur influence, à y prendre une avance considérable sur les plus puissants de l'avenir, la dérobèrent soigneusement aux regards indiscrets.

Ce rapide aperçu des travaux exécutés par les Portugais suffit à montrer quelle énergie, quelle vitalité animait ce peuple si petit par le nombre, mais si grand par les entreprises hardies qu'il a menées à bien. A l'heure où les autres nations de l'Europe bégayaient à peine les premières formules de leur unité, que le nouveau monde était encore inconnu, lui se lançait sur les océans immenses et bâtissait un empire que nulle puissance n'a jamais égalé en dimensions. Pour le soutenir dans le temps il fallait des membres solides : ceux du Portugal se trouvèrent trop grêles; il fallait de l'argent : il n'en possédait pas; il fallait des hommes en grand nombre : ils lui font défaut ! Aussi, de toutes ces îles, de tous ces continents, il reste peu de chose. En Asie, en Afrique, en Amérique demeurent encore debout quelques ruines, plus que des édifices, jalonnant les routes des mers, comme ces rochers isolés qui, dans les grandes vallées terrestres, attestent l'existence passée des montagnes qui furent petit à petit rongées et emportées par des courants violents.

× ×

Que possède le Portugal en Afrique à l'heure actuelle ? Son domaine est assez vaste, à ne considérer que la surface; mais il se trouve assez restreint si l'on ne fait entrer en ligne de compte que les territoires vraiment portugais et exploités par les Portugais.

Bien que les îles de Madère et surtout les Açores ne rentrent pas complètement dans le système du continent africain, que, d'autre part, elles soient rattachées directement, pour l'administration et le gouvernement, à la métropole, il semble nécessaire de les citer ici parce qu'elles ont déjà donné lieu aux mêmes ambitions extérieures que les colonies africaines.

Ces archipels, importants surtout par leur situation géographique, ont depuis quelques années attiré l'attention des grands peuples navigateurs. Bien qu'il ait été vaguement question du désir des Etats-Unis d'acquérir l'archipel des Açores, en tout ou en partie, il n'en est résulté aucun fait permettant de donner corps à de simples bruits. Ils ne sont cités ici que parce qu'ils marquent une tendance.

Pour Madère, la tentation d'occupation a été plus sérieuse lors de l'affaire des « sanatoriums ». En 1903, le gouvernement allemand adressait une requête au gouvernement portugais, afin d'obtenir l'établissement d'un sanatorium pour tuberculeux à Funchal. La concession fut accordée avec droit d'expropriation pour le terrain nécessaire et droit de franchise pour les produits importés. L'Angleterre, qui, en 1801 et 1807, avait occupé Madère, et qui avait accaparé depuis déjà longtemps la majeure partie du commerce de l'île, s'opposa à cette concession, qui, en fin de compte, fut retirée. Les discussions qui eurent lieu à cette occasion permirent de supposer, avec quelque raison, que les Allemands cherchaient à prendre pied à Madère, « pour en expulser les négociants anglais. S'ils y étaient parvenus, ajoute le *Morning Post*, il n'est pas besoin d'être prophète pour prévoir le jour où les Portugais devraient prendre le même chemin que les Anglais ».

Cette affaire fit assez de bruit dans son temps, comme celle, en tous points analogue, qui eut l'île de Fernando Po pour objet, à peu près à la même époque.

Avec l'archipel du cap Vert commence le véritable domaine colonial portugais, les possessions ultramarines. Depuis que l'infant don Fernando y avait envoyé en 1462 quelques-uns de ses familiers avec mission de les peupler et de les exploiter, ces îles ont acquis une très grande importance. Placées sur la grande route qui mène d'Europe à l'Amérique du Sud, elles servent de port obligé de relâche et de ravitaillement aux navires qui vont au nouveau monde. Aussi auraient-elles dû jouer un rôle de premier ordre dans l'histoire du monde. Mais leur administration assez défectueuse ne donne pas toutes les facilités désirables à la grande navigation. Des progrès énormes seraient à réaliser. Le pourra-t-on? L'archipel ne semble pas avoir les ressources suffisantes pour se mettre à l'œuvre de lui seul avec ses propres forces; d'autre part, le Portugal ne paraît pas pouvoir apporter un secours efficace à cette colonie. Dans ces conditions, il est à craindre que les rivaux de Santa-Cruz de Ténériffe et de Dakar ne bénéficient d'un état de choses qu'un peu d'énergie et quelques contos suffiraient à modifier.

Quand on étudie l'histoire de ces trois archipels, une remarque s'impose : c'est le courant d'émigration qui s'est établi entre les Açores, Madère et les îles du cap Vert et l'Amérique du Nord. Chaque année, plusieurs centaines d'habitants partent pour les Etats-Unis, principalement. Aussi les Américains sont-ils bien vus et accueillis avec enthousiasme. « A l'arrivée d'un vapeur de la Cunard ou de la White Star, écrit Anthony, I. Drexel Biddle, les rues se couvrent comme par enchantement de la bannière rayée et étoilée. » L'auteur parle de Funchal, et partout il en est à peu près de même.

La Guinée portugaise, enclavée complètement entre nos possessions du Sénégal et de la Guinée, contraste étrangement avec ses voisines. Ce n'est pas que son sol ne soit riche et ses moyens de communication relativement abondants et faciles; mais les Portugais n'ont pas su tirer parti de ce sol fécond, admirablement arrosé. « De toutes les provinces d'outre mer, peut-on lire dans la *Revista Portugeza* de janvier 1900, la Guinée est celle qui se présente dans les conditions les moins favorables. » Cette appréciation est loin d'être exacte. Les conditions sont favorables, mais la direction est bien inférieure à sa tâche. Rattachée primitivement aux îles du cap Vert, on a cru, en la rendant autonome en 1892, lui rendre la vie; il n'en a rien été. Ses budgets se soldent par des déficits, et son mouvement commercial languit. Il faudrait à cette province, comme le dit Ernest de Vasconcellos dans son ouvrage *As colonias Portuguezas*, un nouveau régime douanier, une organisation fiscale plus active et une bonne politique à l'égard des indigènes. » Il ne semble pas qu'on ait fait grand'chose dans ce sens. En attendant, l'Allemagne accapare la majeure partie du commerce de la Guinée, dépassant de beaucoup la France et le Portugal.

De toutes les îles possédées autrefois par les Portugais, le long des côtes du Kamerun et du Gabon, seules celles de Sao Thome et de Principe sont restées colonies portugaises. La fertilité du sol et la salubrité du climat aidant, ces deux îles sont pour la métropole des sources de bénéfices et aussi d'ennuis. Leur richesse même n'a pas été sans susciter quelques convoitises. La campagne que les chocolatiers mènent en Angleterre n'est-elle pas une manifestation d'un état d'esprit intéressé et quelque peu envieux ?

L'Angola est une énorme colonie qui s'étend, en bordure de l'Océan, depuis l'enclave de Cabinda au nord du fleuve Congo, et qui se termine au sud, à la rivière Counéné, frontière du Sud-Ouest africain allemand. Jadis florissante à cause du trafic des esclaves, puis exploitée avec succès par les Brésiliens plus que par les Portugais, cette colonie est capable d'un grand essor. Malheureusement des mesures fiscales des plus dures en limitent le développement et les capitaux nationaux manquent beaucoup pour la mise en valeur. Aussi a-t-il fallu en arriver, pour la construction des voies ferrées, l'exploitation des mines et du pays, à faire appel à l'étranger. C'est ainsi que de grandes compagnies ont été formées en partie portugaises, en partie et principalement anglaises. La plus connue est celle qui a pour but de relier la baie de Lobito au Katanga. Des concessions tellement importantes lui ont été accordées que le nom de Robertsia (du prénom de Roberts William) a été donné à la zone que doit traverser le chemin de fer. Sans doute l'Angola bénéficiera largement de cette politique; mais la souveraineté du Portugal n'en souffrira-t-elle pas un jour ou l'autre ? Les Anglais sont gens tenaces et pratiques quand il s'agit de leur intérêt.

A l'époque où l'Afrique à peine connue allait être partagée entre les puissances européennes, les Portugais avaient fait un beau rêve. Ils possédaient l'Angola sur l'Atlantique, le Mozambique sur l'océan Indien; un des leurs, Serpa Pinto, avait réuni par l'exploration ces deux colonies en traversant l'Afrique. Ne serait-il pas possible de créer un empire colonial lusitanien, qui couperait le continent en deux ? L'idée était belle et jusqu'à un certain point justifiée. Mais que pouvait le Portugal, sans grandes ressources, sans grandes forces de terre ou de mer, contre ceux qui avaient pour eux le droit du sabre ?

Après que la conférence de Berlin eut, en 1885, donné à l'Etat indépendant du Congo l'embouchure du grand fleuve, malgré l'appui de l'Angleterre, le Portugal voulut, en effet, réunir l'Angola au Mozambique. Un accord signé, le 26 février 1884, entre les cabinets de Londres et de Lisbonne, lui en donnait même le droit. Mais lorsque, quelques années plus tard, la Grande-Bretagne fut entraînée par le vent d'impérialisme que soufflait Cécil Rhodes, elle méconnut les conventions précédentes, pénétra dans le Mashonaland et le Matabeleland, et força par la menace le Portugal impuissant à signer, le 11 juin 1891, sa propre déchéance.

Le Mozambique resta donc isolé sur la côte de l'océan Indien. Cette colonie pourrait être très productive et elle le devient grâce surtout aux puissantes compagnies internationales et principalement anglaises qui s'y sont formées. De plus, deux de ses ports sont destinés à un grand avenir : celui de Lorenço Marquez sert de débouché au Transvaal; celui de Beira est l'exutoire forcé de l'immense Rhodesia. De ces deux points partent des lignes ferrées de pénétration des plus importantes. La colonie a donc de réels éléments de prospérité. Le malheur est que les Anglais en ont petit à petit accaparé la majeure partie. Si bien que là aussi la souveraineté du Portugal est étrangement menacée.

De ce rapide coup d'œil jeté sur les possessions ultra-marines du Portugal, il est permis de penser que, bien que ce pays ait encore à l'heure actuelle un vaste domaine colonial africain, il ne semble pas en tirer grand parti. On dirait que la période d'expansion remarquable pendant laquelle ce pays a écrit une page glorieuse pour lui et pour le monde civilisé qu'il représentait, a épuisé toute son énergie, toute sa vitalité. Ce peuple si hardi hésite au moindre souffle. Cette nation si unie se déchire, sans jeter un regard sur cet Océan qu'elle avait vaincu. Elle qui avait su organiser vite et bien un ensemble de possessions cent fois grand comme elle, a perdu, dirait-on, toute notion d'ordre et de direction, et cela à l'heure même où de puissants ennemis rôdent sur les océans en quête de proie à saisir.

× ×

Si l'œuvre d'exploration et de découverte des Portugais a été grande, celle qu'ils ont accomplie dans le domaine des méthodes de colonisation n'est pas moins considérable. Ce sont eux les premiers des peuples qui, après avoir conquis des territoires aussi dissemblables par leurs climats que par les mœurs et les coutumes de leurs habitants, ont su les organiser dans la mesure de leurs faibles ressources et leur donner en partie la prospérité. Avec un esprit précis et souple, ils ont trouvé le moyen d'utiliser tous les éléments disparates que leurs navigateurs découvraient. Ici, ils peuplaient de gré ou de force; là, ils n'établissaient que de simples comptoirs d'échange; plus loin, c'étaient des colonies d'exploitation, des protectorats, des grandes compagnies qu'ils fondaient, se pliant partout aux nécessités des milieux. Aussi, « leur œuvre a-t-elle servi aux peuples venus après eux; les Hollandais à Java et les Anglais aux Indes semblent avoir utilisé, consciemment ou non, l'exemple de ces précurseurs dont on retrouve ainsi la trace intellectuelle dans des méthodes d'exploitation qu'on croit toutes modernes » (1).

Il n'est pas possible, dans une étude de ce genre, d'examiner en détail la colonisation portugaise; qu'il suffise d'indiquer les grands traits de la politique suivie pour l'organisation d'un immense empire.

D'une façon générale, la politique coloniale a été conçue avec une grande largeur d'idées. Basée surtout sur l'esprit religieux, elle accordait en principe à tous ceux qui se soumettaient au catholicisme des droits très étendus. Un sauvage converti devenait l'égal d'un Portugais. Les missionnaires, à la fois soldats et apôtres, taillés sur le modèle des navigateurs, attiraient à eux les peuples aussi bien par les doctrines qu'ils enseignaient que par la bravoure qu'ils montraient. Ainsi, la colonisation religieuse

---

(1) P. Cultru, *La Politique indigène des Portugais* (*Quinzaine coloniale* du 25 novembre 1911).

servit beaucoup la cause des Portugais. Débarqués en général peu nombreux, ils obtenaient vite, grâce à ce mode d'assimilation, des sujets fidèles, dévoués et fiers d'être traités, eux les conquis, sur le même pied que les conquérants.

Afin de n'être pas submergés par les populations indigènes, les Portugais s'efforcèrent, dès le début, de créer une race de métis. Pour arriver au résultat du fusionnement des races, que l'unité de foi faisait considérer comme égales, les capitaines favorisent le mariage de leurs subordonnés avec des femmes indigènes, en les dotant largement; les donataires coloniaux emmènent avec eux des orphelines portugaises; on baptise les Juifs, lors de leur expulsion en 1499, au moment de leur embarquement, et ils deviennent catholiques portugais en abordant aux possessions ultra-marines. Enfin, la colonisation pénale est assez en honneur. De la sorte, par suite des alliances répétées depuis le xve siècle, les Portugais sont parvenus à coloniser presque sans colons issus de la métropole, c'est-à-dire sans hommes véritablement attachés à la mère-patrie. Ce système réussit longtemps, mais fut, à la longue, une des causes de désaffection et de détachement; car les races ainsi formées oublièrent le Portugal. Pour elles, la vraie patrie était le territoire qu'elles habitaient.

Au début, au xve siècle, la plupart des contrées découvertes étaient données à des hommes importants ou riches du royaume, auxquels il était expressément recommandé de laisser jouir les indigènes de leurs droits et de rendre la justice avec la plus grande impartialité, suivant leurs coutumes. Cette politique était indispensable, le Portugal ne pouvant, avec les hommes et les forces dont il disposait, asservir les peuples nombreux qu'il voulait gouverner. Peu à peu, au fur et à mesure du développement du pouvoir royal, les colonies furent administrées par des fonctionnaires, responsables seulement devant le roi. Il en résulta des excès qui ne pouvaient être réprimés : laisser-aller dans l'administration, exactions de toute nature, répression insuffisante ou nulle des rébellions, manque d'énergie pour pénétrer à l'intérieur et agrandir l'occupation portugaise. Il en résulta aussi que le Portugal ne fut plus bientôt, à de rares exceptions près, aussi bien en Afrique qu'au Brésil, maître que d'une zone peu profonde le long des côtes. Au lieu de colonies véritables, il n'existait plus dans bien des cas que des contours de colonies.

Parallèlement à ce procédé d'organisation, les Portugais essayèrent le système des grandes compagnies. En 1444, Don Henri créa celle de Lagos et, depuis, on renouvela bien souvent de semblables concessions. Les résultats ont été assez bons, tant que les Portugais purent être maîtres de ces compagnies; de nos jours, il n'en est plus ainsi, car, pour mettre en actions une compagnie de ce genre, il faut de nombreux capitaux, et le Portugal a été obligé de faire un sérieux appel aux étrangers. Ces compagnies sont prospères sans doute, mais c'est au détriment de l'action nationale.

En matière de politique coloniale, les Portugais

ont fait école et les grandes nations colonisatrices de notre époque ont appliqué la plupart de leurs procédés, en les modernisant sans doute, mais en en conservant l'esprit. Le destin des peuples a voulu que ce Portugal, si brillant jadis, rentrât dans l'ombre. Mais son âme demeure celle qui fit sortir des mondes du néant et les vivifia.

× ×

Le Portugal en est-il arrivé à ce point de son histoire où faible, sans ressources, en proie à des dissensions intérieures, il se montre incapable de conserver son domaine ultramarin? Telle est la question dont l'étude s'impose à l'heure actuelle.

En septembre 1898, alors que l'Allemagne et l'Angleterre n'en étaient encore pas venues, dans leurs manifestations économiques, à un état de rivalité aiguë, ces deux puissances envisagèrent le cas où le Portugal, accablé de dettes, ne pourrait plus assurer son essor colonial en Afrique. Un accord intervint donc, dans lequel les cabinets de Berlin et de Londres s'engageaient en quelque sorte à racheter les colonies lusitaniennes pour payer les dettes du royaume. L'Angola et le Mozambique, en particulier, devaient être partagés entre les deux puissances, selon leurs désirs et surtout leurs intérêts.

Cette convention, qui aurait dû prendre effet il y a treize ans, au lendemain de la banqueroute financière qui s'annonçait, ne fut pas appliquée.

Pendant les années qui suivirent, les rapports entre l'Allemagne et l'Angleterre s'étant tendus de plus en plus, la question sommeilla. Les Allemands dépensaient leur activité à s'armer de plus en plus, à organiser les colonies déjà acquises, à pousser des pointes jusqu'en Chine, à chercher vers Bagdad leur chemin de Damas, enfin à essayer de prendre pied au Maroc. Les Anglais, de leur côté, entraient bientôt en lutte avec les Boers, et, une fois leur rêve impérialiste vécu dans l'Afrique du Sud, cherchaient à tirer profit de leur nouveau domaine. Puis l'orientation politique de la Grande-Bretagne se modifia, l'impérialisme passa de mode. L'ère des conquêtes africaines semblait close pour faire place à celle de l'organisation et de l'exploitation.

Mais des événements récents vinrent remettre au premier plan la question des colonies portugaises.

L'accord franco-allemand a révélé, de la part de l'Allemagne, un désir évident de se créer un empire colonial africain en plein cœur du continent noir. Que signifierait sans cela la solution de compensation adoptée au Congo français, qui marque non un but, mais une aspiration, une menace. Si un regard jeté sur la carte ne rendait pas cette appréciation évidente, il suffirait de lire les articles parus dans la presse d'outre-Rhin depuis environ un an. Le grand empire allemand réclame chaque jour un empire colonial toujours plus grand qui ne peut être créé qu'aux dépens des timorés ou des faibles. L'endroit sur lequel se reposent les yeux germaniques avec le plus de complaisance, est la région du Congo, englobant l'Angola, et la région du Mozambique, au nord du Zambèze.

Lorsque la révolution renversa le trône pour installer la République au Portugal, l'Allemagne pensa que le temps était peut-être arrivé de réaliser l'accord de 1898. Un peuple aussi avancé en décadence, écrivait-on à Berlin, n'est pas digne de conserver les fleurons de sa couronne coloniale. Plusieurs tentatives d'intimidation furent faites dans ce sens, en particulier au sujet de la confiscation de biens ecclésiastiques appartenant à des Allemands. Elles ne furent pas suivies d'effet. Cela ne veut cependant pas signifier qu'en Allemagne on perd de vue l'objectif portugais. Pour s'en convaincre, il suffit de rappeler l'article que le général von Liebert rédigeait pour le *Post*, le 5 janvier 1912 :

« Il faut profiter, écrit-il, du fait que nous pouvons mettre à exécution nos prétentions sur les colonies portugaises. Le mauvais état des finances de la nouvelle république et la situation de ses colonies nous y engagent. De plus, il y a quatre siècles que dure dans ce pays la souveraineté stupide et corrompue des Latins. Il est temps de la remplacer par la souveraineté saine et intelligente de la race saxonne. Déjà, en 1899, tout était prêt pour occuper le nord du Mozambique. La diplomatie allemande a, comme d'habitude, reculé devant l'Angleterre. La difficulté est que l'Allemagne n'a rien à attendre ni de son gouvernement, ni de ses diplomates. Elle doit agir elle-même : aller dans ce pays, y établir des plantations, le cultiver, y fonder des missions, y construire des chemins de fer, et le gouvernement sera alors obligé de réaliser l'occupation politique du pays conquis par le peuple. »

Ainsi, puisque l'Angleterre ne semble pas vouloir marcher, que le gouvernement allemand ne tient pas à employer les grands moyens pour l'y contraindre, il faut forcer la main à l'une et à l'autre en faisant de l'infiltration économique. Déjà elle s'annonce : ce sont des agents allemands qui, à Lisbonne, profitent des occasions favorables pour acquérir des intérêts dans les diverses compagnies exploitant le domaine colonial portugais; c'est le docteur Sols qui, à Londres, demande la participation des capitaux allemands au chemin de fer Benguella-Katanga. Ces faits ne sont que des indices; mais, quand on connaît la discipline et la persévérance germaniques, quand on connaît le plan si bien ébauché par le général von Liebert, on ne peut s'empêcher de penser que les Allemands ne s'arrêteront pas en route.

Depuis longtemps déjà le Portugal marche docilement dans le sillage de l'Angleterre. Il y a bien eu quelques nuages au moment de la conquête de la Rhodesia, au moment de l'incident de Lorenço-Marquez. Mais, en somme, le ménage de raison fait bonne figure, l'Etat le plus faible ayant pris l'habitude de céder à l'Etat le plus fort. De cette situation l'Angleterre tire, du reste, de si beaux bénéfices qu'il est permis de se demander si le *statu quo* ne lui est pas plus avantageux. En effet, l'influence et le commerce anglais sont tout-puissants dans la majeure partie des possessions portugaises; aux Açores, à Madère, aux îles du cap Vert, le pavillon britannique a presque le monopole des transactions. Dans l'Angola, le chemin de fer de la baie de Lobito est et sera l'un des facteurs puissants du développement de cette colonie, et c'est Roberts William qui a obtenu la concession. Au Mozambique, les deux chemins de fer de Lorenço-Marquez et de Beira sont pour ainsi dire anglais; la compagnie de Mozambique, bien que nominalement formée par le Portugal, la France et l'Angleterre, est en fait dirigée par celle-ci. Bref, on se demande quel grand avantage pourrait avoir la Grande-Bretagne à posséder de droit des territoires qu'elle administre pour ainsi dire de fait. Aussi certains hommes d'Etat anglais ne se montrent-ils pas pressés de mettre la main sur un héritage de l'usufruit duquel ils jouissent déjà.

Cependant, si l'occasion se présentait belle, qui sait ce que la Grande-Bretagne ferait ? Une affaire sérieuse n'a jamais été négligée par l'Angleterre. Elle éprouve une certaine sympathie pour le Portugal, c'est entendu; mais celle-ci ne résisterait pas plus maintenant qu'en 1890 aux exigences d'un intérêt éminemment pratique.

L'existence du domaine colonial portugais est donc des plus précaires. Sans doute la jeune République a fait savoir au monde, « qu'elle considérait les colonies comme un patrimoine aussi sacré que le territoire même de la métropole ». Tout cela ne servira de rien le jour où l'Angleterre et l'Allemagne s'entendront pour réaliser l'accord de 1898. D'un petit royaume qui avait jadis conquis un grand empire, il ne restera qu'une petite république.

V

L'ESPAGNE EN AFRIQUE

L'histoire de l'humanité peut être considérée comme l'histoire de la colonisation de la terre. Au début, alors que les communications faisaient absolument défaut, chaque peuple, chaque tribu s'étendait le long d'un fleuve sur lequel on pouvait se lancer en se servant de moyens rudimentaires de navigation. Au besoin, on passait d'un versant à l'autre, d'un bassin au voisin. Mais, somme toute, la colonisation était fluviale. Personne ne se risquait sur ces masses d'eau aussi insondables pour nos ancêtres que le sont, à l'heure actuelle encore, les entrailles mêmes de la terre.

Plus tard, lorsque l'homme sut construire des bateaux puissants, mûs par la voile ou par la rame, il se lança sur les grands lacs et les mers intérieures. Mais, bien qu'ayant accosté aux colonnes d'Hercule, aux limites mêmes du grand Océan, il ne pouvait encore se hasarder sur cet horizon de flots sans limite qui, d'après lui, entourait le monde d'une nappe liquide infranchissable. Ce fut l'âge glorieux de la Méditerranée, pendant lequel Phéniciens, Grecs, Carthaginois, Romains, colonisèrent tour à tour les côtes et les îles de la grande bleue, appuyant leur action sur la maîtrise de la mer.

Plus tard encore, lorsque la science humaine fut arrivée à trouver le moyen de se diriger autrement qu'en longeant les côtes, la hardiesse de l'homme s'attaqua aux océans immenses. Dans cette course vers l'inconnu mystérieux, les Espagnols prirent, et des premiers, une part glorieuse. L'Atlantique allait être vaincu par eux et l'Amérique découverte. Premiers occupants de territoires immenses, ils s'en emparèrent. Ils connurent alors des heures de suprématie universelle. Mais, petit à petit, tout s'effrita dans ce nouveau monde et les derniers vestiges de l'empire espagnol américain sombrèrent dans la désastreuse guerre de la fin du siècle dernier.

Par sa situation même, l'Espagne ne pouvait, malgré ses idées d'expansion au delà des océans, se désintéresser de ce qui se passait dans la Méditerranée. C'est là, du reste, qu'elle fit ses premières armes, qu'elle acquit l'expérience nécessaire à la conquête d'un monde. L'Espagne devait donc être africaine et elle n'a pas failli à sa destinée. Mais, pas plus au continent noir qu'en Amérique, cette puissance n'a su conserver ses conquêtes; car elle n'a pas pu garder en Europe, par le travail, par la continuité de ses vues, par l'intensité de son développement intérieur, une situation en rapport avec son empire mondial. Elle a conquis trop souvent des contours, des surfaces; rarement elle a pénétré assez profondément pour asseoir sa domination d'une façon durable. Elle rappelle ces belles Andalouses dont les yeux noirs se mirent au poli de la glace, en captent les rayons superficiels, mais n'en altèrent la substance en aucune façon.

En ce qui concerne l'Afrique, cette constatation est plus frappante que partout ailleurs. L'Espagne a rôdé autour d'elle depuis près de six siècles, a tenté à plusieurs reprises de la pénétrer; mais, le premier effort réalisé, elle n'a pas persévéré. Maintenant elle essaye à nouveau une expérience marocaine; mais, à lire l'histoire, son expérience est vouée à l'échec, si elle ne s'appuie, montrant une vraie preuve de sagesse, sur la nation qui, de par sa destinée, doit occuper en grande partie le Maghreb (1).

× ×

La première tentative des habitants de la péninsule Ibérique pour s'implanter en Afrique est, à notre connaissance, la fondation d'Oran, au xe siècle, par des marins andalous. Cette ville devrait donc être réclamée avant tout par les Espagnols; car, en dehors de sa fondation, c'est une de celles où la puissance castillane s'est exercée presque le plus longtemps, puisque l'occupation a duré depuis 1509 jusqu'en 1708 et de 1732 à 1782, ainsi qu'on le verra plus loin.

Lorsque la marine aragonaise eut conquis dans la

(1) Les renseignements donnés dans l'étude qui va suivre ont été presque tous empruntés à des ouvrages espagnols : *Politica de España en Africa*, de M. de Gonzalo de Riparaz; *La Penetracion en Marruecos*, de M. Mariano Gomez Gonzalès; *Los Succesos de España en 1909*, de M. Salvador Canals.

Méditerranée la suprématie incontestée près de deux cents ans plus tard, ses navires vinrent aborder aux côtes de Berbérie et, conduits par le grand capitaine et homme d'Etat qu'était Don Pedro III, roi d'Aragon, s'emparèrent de Tunis. Le protectorat fut établi et reconnu sur la ville et sur le royaume entier. D'autres pensées politiques détournèrent de l'Afrique vers la Sicile, l'Italie et même la Grèce, les flottes de ces hardis navigateurs, et il faut attendre encore deux siècles avant que l'idée d'une conquête africaine germe dans l'esprit des Espagnols. A ce moment, la situation était favorable. L'union de la Castille et de l'Aragon était réalisée par le mariage de Ferdinand le Catholique et d'Isabelle; les Maures avaient été définitivement chassés de leur dernier royaume en Espagne, celui de Grenade; enfin, du côté des Musulmans, l'unité avait sombré dans des rivalités et des compétitions sans nombre; un état féodal, presque l'anarchie, avait succédé à l'empire organisé de jadis.

La campagne espagnole fut donc des plus faciles. Tour à tour Melilla (1496), Mers-el-Kébir (1505), Oran (1509), Bougie, tombèrent au pouvoir des chrétiens. Les rois de Tlemcen et de Tunis se déclarèrent vassaux de l'Espagne, et Pedro de Navarre s'empara de Tripoli. Ce fut l'époque glorieuse de la croisade chrétienne, qui avait pour but d'apporter la religion du Christ en Afrique, de débarrasser des pirates la mer Méditerranée et d'étendre de l'autre côté du détroit le territoire national.

Ces expéditions furent des plus populaires, car

elles répondaient à un état d'esprit religieux des plus intenses. Elles avaient l'appui moral de la papauté, qui, par une bulle de Calixte III en 1457, avait créé l'impôt appelé Cruzada, destiné à alimenter le trésor de guerre contre les Musulmans. La conquête de l'Afrique du Nord paraissait donc en bonne voie. Mais l'ère des succès fut de courte durée; l'échec de Garcia de Tolède aux Gelbes marqua la fin du rêve espagnol. L'occasion si belle était perdue et ne devait plus se représenter.

Les Turcs, quatre années plus tard, faisaient leur apparition dans la Méditerranée. Arouch offrit contre les Espagnols le secours de ses forces et de son argent au roi de Tunis, qui l'accepta. Alger, Tlemcen, se rendirent également. Partout les armes castillanes subissaient des défaites et parfois des déroutes (1), comme celle du roi Don Sébastian à Alkasar-Kébir. Bref, à la fin de cette période, les Espagnols cernés à Oran et à Mers-el-Kébir « s'estimaient heureux de pouvoir y demeurer ».

En même temps que des tentatives étaient faites sur les côtes de la Méditerranée, d'autres s'opéraient sur les rivages de l'Atlantique; mais là l'Espagne allait se heurter au Portugal. Ce dernier royaume, son indépendance assurée, entreprit sous le règne de Don Juan I, en 1415, la conquête africaine et la con-

(1) Un auteur espagnol dit à ce sujet : « Nos retours offensifs, pas même quand ils étaient brillants et heureux, comme celui de Carlos V à Tunis, n'améliorèrent la situation. On manquait de méthode politique, de préparation et de direction militaires. » (Gonzalo de Riparaz.)

tinua sous ceux de Don Alfonso V et de Don Juan II. Ceuta, Arzila, Tanger, furent pris tour à tour au cours du xve siècle, puis le courant d'invasion glissa le long des côtes occidentales du Maroc.

Les Espagnols, qui avaient découvert les Canaries en 1395, les avaient cédées au Français Jean de Bethencourt en 1417, pour les reprendre ensuite, considéraient la côte voisine africaine comme « l'hinterland continental » de ces îles (1). Aussi voyaient-ils avec déplaisir les progrès des Portugais. Ils ordonnèrent donc à Diego de Herrera, en 1476, de débarquer à Ifni et d'y construire un petit fort. Par la suite, quelques tribus de la côte ayant demandé l'appui de la Castille, don Alfonso Fernandez de Lugo, gouverneur des Canaries, construisit trois fortins qui se trouvaient, d'après les actes de Gonzalo de Burgos, au cap Bogador, au cap Noun et à l'endroit appelé Tagaos (probablement à l'embouchure de l'oued Noun). En 1503, la reine Isabelle décréta que le littoral serait désormais rattaché aux Canaries. C'est alors que le Portugal et l'Espagne essayèrent de s'entendre pour se partager le Maroc. Le traité,

(1) M. Gonzalo de Riparaz écrit à ce sujet : « L'Espagne a, par la possession des Canaries, des droits supérieurs à ceux de n'importe quelle nation sur la côte du Sahara, et, depuis très longtemps, a travaillé en conséquence pour les confirmer par des actes. Ces droits lui donnent une situation privilégiée au sud de l'Atlas, mais plus particulièrement dans la partie du littoral la plus proche de ces îles; c'est-à-dire depuis l'embouchure de l'Assif-Oubras, l'oued Masa, jusqu'aux environs du cap Blanc, vaste espace qui comprend au nord la partie méridionale du Sous, le Tazeroult, l'oued Noun et le Tekna, jusqu'à l'oued Draa, et du Draa vers le bas du Sahara proprement dit. » (*Op. cit.*, p. 158.)

après de très longs pourparlers, se conclut à Cintra, le 18 septembre 1509. Le Portugal obtenait la majeure partie de la côte atlantique, à l'exception de Santa Cruz de Mar Pequeña (Ifni). L'Espagne avait la côte méditerranéenne depuis un point situé à 6 lieues à l'ouest du Penon de Los Velez (1). Ce premier partage du Maroc et de la Berbérie était, en somme, réglé d'une façon platonique, puisque aucune des deux puissances, et surtout l'Espagne, n'avait, en dehors de quelques points espacés du littoral, des possessions capables de lui donner autorité à l'intérieur du pays.

La politique européenne devait, au XVIe siècle, absorber toute l'attention de l'Espagne, au détriment de son action africaine. Et Penon de los Velez, conquis en 1408, fut enlevé par les Maures en 1522. Il ne devait être repris qu'en 1564. Après le désastre de la Armada (1588), les pirates, non seulement attaquèrent les points du littoral africain que les Espagnols tenaient, mais vinrent même se montrer sur les rivages de la péninsule.

---

(1) Voici quelques-unes des clauses de ce traité : « Le roi de Portugal abandonne au roi de Castille et à ses descendants, depuis ce jour et pour toujours, ledit endroit de Velez avec ses limites... et aussi toute la côte dudit endroit de Velez jusqu'aux villes de Melilla et de Cazoza avec tous les endroits et toutes les populations qui sont ou se fixeront sur ladite côte; seulement il est entendu qu'on ne s'approchera pas à moins d'une lieue de Ceuta... Le roi de Castille abandonne au roi de Portugal tous droits et options que nos rois de Castille pouvaient tenir et tenaient de quelque façon que ce fût... en tous où quelques lieux et terres à l'ouest jusqu'aux caps Bogador et de Na... et tout cela nous l'abandonnons pour toujours... »

La paix faite avec la France, l'Angleterre et la Hollande, on put croire que les conquêtes de la Berbérie allaient recommencer. En 1606, Larache est prise; en 1614, c'est Mehedia qui succombe à son tour. Ceuta était, entre temps, devenu espagnole par suite de l'annexion du Portugal. Mais l'effort fut éphémère; la nation entière semblait usée, vieillie par les luttes soutenues depuis des siècles soit en Afrique, soit en Europe, et se confiait à la providence avec un esprit fait de lassitude et de fatalité. La croisade chrétienne existait toujours, mais c'étaient des gens fatigués, sans ressort, qui l'exécutaient.

Aussi les Maures redoublaient-ils leurs attaques; ils reprirent Larache, la Mamora et menacèrent Ceuta. Devant ces menaces, le Conseil d'Etat fut rassemblé, délibéra; mais, bien que les avis qu'il donna fussent remarquables par la claire vision de la politique espagnole africaine, le gouvernement resta inactif. On se confiait de plus en plus à la destinée.

Quelques années plus tard survint un fait qui eût pu avoir, sur l'avenir des ambitions espagnoles au Maroc, les plus importantes conséquences. Des protestants français, réfugiés à Londres à la suite de la révocation de l'édit de Nantes, allèrent trouver l'ambassadeur d'Espagne, le marquis de Canales, et lui proposèrent de fonder une colonie sur les côtes du Maroc pour le compte de l'Espagne (1698). Leur demande fut examinée, et, malgré l'avis du père Froilan-Diaz, confesseur du roi, elle fut rejetée, de peur d'être désagréable au roi de France. Il est curieux de voir, dans la circonstance, un prêtre espagnol de cette époque prendre parti pour les protestants. Il est vrai de dire qu'il basait son raisonnement sur ce que les Maures étaient plus éloignés de la religion catholique que les protestants. « Nous pouvons nous servir de ceux-ci, disait-il, pour vaincre ceux-là. » D'autre part, avec une conception patriotique très élevée, il prévoyait le secours qu'une telle intervention aurait pu avoir pour la puissance de l'Espagne. « Cette considération, ajoutait-il, doit primer toutes les autres. » Du reste, personne, dans le Conseil d'Etat tenu à cette occasion, ne vota contre le projet de conquête marocaine. Ce n'étaient que les agents d'exécution qui ne plaisaient pas.

× ×

Jusqu'au début du XVIIIe siècle, on peut presque dire que la question marocaine était demeurée espagnole et un peu portugaise. Sans doute Razilly, envoyé de Louis XIII, avait bien pensé mettre le sultan sous le protectorat de la France. Il avait proposé la création d'une factorerie fortifiée à Mogador pour s'étendre de là vers les terres voisines (1). Un peu plus tard, le sultan Moulay Ismaël envoya une ambassade à Louis XIV pour demander son amitié. Ces tentatives aboutirent aux traités de 1631, 1635 et 1685, qui accordaient à la France quelques droits d'ami plus que de protecteur. La main-mise par les Anglais sur Gibraltar (1713) allait donner à la question marocaine une tout autre allure. L'Angleterre,

(1) Il écrivait à Richelieu, le 26 novembre 1624 : « C'est avoyr ung pied en Afrique pour aller s'étendre plus loing. »

ne pourrait désormais se désintéresser du détroit dont elle tenait une des clés. Aussi, lorsque Félipe V voulut envoyer une expédition à Ceuta sous le commandement du marquis de Lède, il se heurta au veto de l'Angleterre.

La conquête d'Oran et de Mers-el-Kébir, en 1732, ne fut qu'une expédition d'occasion : simple épisode d'une guerre dans laquelle Isabelle Farnèse lançait son mari pour acquérir un trône à un de ses enfants. Cependant, si à ce moment l'Espagne avait voulu tenter une action sérieuse sur la Berbérie et le Maroc, elle aurait eu les plus grandes chances de réussir. Les Maures, surpris, furent frappés d'épouvante; ils s'enfuirent livrant à leurs adversaires tout le pays; mais ceux-ci ne profitèrent pas de la victoire et la puissante Armada fit route vers l'Italie.

Sous Carlos III, la politique africaine de l'Espagne faillit prendre une tournure des plus fâcheuses. A la suite d'une demande faite par l'Angleterre en vue de s'établir sur la côte de Sous, demande à laquelle on opposa un refus formel, le Conseil d'Etat discuta la question marocaine. Abandonnerait-on définitivement les présides et toute idée d'expansion africaine afin de « pouvoir suivre la navigation et le commerce de l'Amérique » (1) ? Telle était l'idée soumise, idée qui fut défendue par Aranda, Grimaldi et son successeur

(1) Lettres d'Aranda à Grimaldi, de mars 1775, datées du Pardo. — Aranda était partisan de faire sauter en particulier la place de Melilla : « Maintenant, écrivait-il à Grimaldi en 1775, c'est l'occasion de raser Melilla et El-Penon; ce sont deux morceaux qui coûtent gros et ne sont d'aucune utilité. »

Florida Blanca. On ne put se mettre d'accord; l'expédition malheureuse d'O'Reilly contre Alger découragea bien des gens; enfin on prit une demi-mesure. Ces présidés seraient conservés, mais Oran et Mers-el-Kébir furent abandonnées. Cette évacuation se fit dans des conditions de discrétion telles, que l'on peut se demander si l'opinion publique espagnole, pressentie, eût approuvé cette mesure. Le décret d'abandon ne fut même pas mentionné dans la *Gazette de Madrid.* A ce moment, le gouvernement ne voyait que l'Amérique; il avait travaillé à Paris en faveur de l'indépendance des Etats-Unis, ne pouvant prévoir que cette politique, en lui faisant abandonner l'Afrique, devait l'amener à perdre l'Amérique.

Le roi Carlos III avait essayé de négocier avec l'Angleterre le rachat de Gibraltar. Il proposa de l'échanger contre Oran; mais l'offre fut écartée, la Grande-Bretagne voulait obtenir Porto-Rico ou la Trinité. Les Espagnols, qui ne pouvaient prévoir les événements qui se passèrent, il y a une quinzaine d'années, refusèrent. Ils évacuèrent alors Oran et devaient être plus tard dépossédés de Porto-Rico; Gibraltar resta donc anglais.

Si le roi tenait tant à la possession de Gibraltar, c'est qu'il avait reconnu les inconvénients que cette place présentait pour son commerce; aussi, avant de mourir, dans une sorte de testament politique, indiqua-t-il la prise de la côte africaine opposée comme seul remède à cette situation embarrassante. On peut lire en effet, dans l'Instruction confidentielle pour le Conseil d'Etat, paragraphe 391, les lignes suivantes :

« Si l'empire turc est ruiné dans la grande révolution qui menace tout le Levant, sans que nous puissions rien y faire, nous devons penser à acquérir la côte d'Afrique qui fait front à celle de l'Espagne dans la Méditerranée, avant que d'autres y viennent et nous gênent dans le détroit, au préjudice de notre tranquillité, de notre navigation et de notre commerce. C'est un point inséparable de nos intérêts que tous doivent avoir en vue. »

L'intention du souverain était juste; mais il aurait dû aussi comprendre que la possession de Gibraltar n'aurait été d'aucune utilité pour l'Angleterre, si cette possession n'avait pas été étayée par une flotte puissante. Donc, si l'Espagne voulait s'établir au Maroc sur la côte méditerranéenne, il lui fallait, avant toute conquête, assurer par une solide marine de guerre ses prétentions coloniales. D'abord les vaisseaux, ensuite les ports et les forts.

Quoi qu'il en soit, le gouvernement marocain, voyant que les Espagnols abandonnaient sans nécessité les deux villes d'Oran et de Mers-el-Kébir, proposa l'évacuation des présides moyennant certains avantages commerciaux. L'accord fut sur le point de se faire en 1801. Mais les événements qui devaient se passer en Europe, et surtout en Espagne, allaient laisser la question marocaine dans l'oubli; car il ne faut pas prendre très au sérieux le plan exposé par le catalan Domingo Badia à Godoy (1), plan qui ne re-

(1) Badia était un homme de talent, d'audace et de science. Il avait étudié les langues vivantes et surtout l'arabe, qu'il parlait à merveille. Godoy lui donna une importante subven-

çut, du reste, aucun commencement d'exécution et qui fut proposé plus tard par son auteur à Napoléon et encore plus tard à Louis XVIII.

Le XIXe siècle, à son début, devait trouver l'Espagne hésitante sur ses destinées. L'équilibre intérieur était tellement chancelant que l'on ne pouvait songer à des conquêtes nouvelles. La prise d'Alger et de l'Algérie par les Français attira cependant de nouveau l'attention sur la question de Berbérie. L'Espagne pensa un moment, sous le gouvernement du général Navarez, unir ses efforts à ceux de la France. Cependant, ses actes ne semblèrent pas correspondre à ses intentions, peut-être comme maintenant. Au lieu de s'appuyer sur nous pour régler l'assassinat d'un de ses agents à Mazagan, elle demanda à l'Angleterre sa médiation. Peu après, en 1848, averti par les officiers qui suivaient l'expédition française, le général Serrano s'empara des îles Chaffarines quelques heures avant l'arrivée de nos troupes. Il semble que, dans ces deux occasions, malgré la pureté de leurs intentions, les Espagnols « n'aient pas voulu être agréables aux Français, ni favoriser

tion pour explorer le Maroc. Il s'acquitta de sa mission sous le nom de Ali Bey el Abasi, descendant d'un oncle de Mahomet. Revenu en Espagne, il proposa à son protecteur de faire débarquer une troupe à Mogador et de s'emparer du Maroc en s'appuyant sur les tribus de l'Atlas pour vaincre le sultan Mouley-Soliman, qui était détesté de ses sujets. Le marquis de Solana reçut de Godoy l'ordre de donner à Badia, pour l'expédition, 2.000 fusils, des pistolets, des munitions et des canons de différents calibres. (Lettre du prince de la Paix; Aranjuez, le 11 juin 1804.) Un contre-ordre arriva bientôt : Napoléon venait de se déclarer empereur.

leur politique en Afrique ». Lorsque, en 1860, la révolution donna le gouvernement à O'Donnel, celui-ci reprit les idées de conquête marocaine, et c'est aux cris de : « *Guerra à los Moros* » qu'on entreprit la campagne, mais plus dans le même esprit qu'au temps où Cisnéros menait la croisade chrétienne. A ce sujet, il est peut-être opportun de rappeler ce qu'écrivait alors le colonel allemand von Goeben, qui fut autorisé à suivre la campagne du Maroc (1) :

« Le peuple, écrit-il, éprouve un brûlant désir de voir l'Espagne réhausser son prestige aux yeux de l'étranger et occuper à nouveau dans le monde une situation répondant davantage à sa grandeur passée !..... »

A Madrid, dans les milieux officiels, on avait représenté à Goeben cette expédition comme la continuation du glorieux combat soutenu pendant quatre siècles par les rois chrétiens de Castille contre les infidèles. Mais, à sa grande surprise, il constate que « le sentiment religieux n'est pour rien dans l'enthousiasme populaire. L'honneur de l'Espagne exigeait la guerre, tel était le cri unanime; et, pour l'honneur de l'Espagne, on voulait de grandes et durables conquêtes : l'annexion de Tétuan et, si possible, celle du nord-ouest de l'Afrique (2) ».

Ces lignes ne pourraient-elles pas être datées de 1911 ?

(1) *Une mission militaire prussienne au Maroc en 1860.* Impressions du colonel von Goeben.

(2) Après la prise de Tétuan, les Marocains demandèrent la paix; le général O'Donnel répondit qu'il avait reçu de la reine d'Espagne l'ordre de faire la guerre et non la paix.

Mais voyons plus loin les impressions de Goeben sur les sentiments anglophiles ou francophiles de l'Espagne :

« L'Angleterre est détestée en Espagne, et doublement parce qu'elle y est redoutée. D'ailleurs, aux Français, on ne témoigne guère plus de sympathie; leur séjour de cinq années dans la péninsule n'a pas laissé un bon souvenir pour que l'on montre à leur égard des dispositions amicales. Les Espagnols ont conscience de les avoir glorieusement chassés de leur pays et ils ont gardé vis-à-vis d'eux un sentiment de supériorité auquel se mêle un peu de mépris, mais non de haine. Au contraire, depuis un siècle, l'Angleterre n'a fait qu'imposer à l'Espagne humiliation sur humiliation; il n'est pas jusqu'au souvenir de Wellington et de son armée qui ne blesse le sentiment espagnol. Et, de plus, c'est l'Angleterre qui règne à Gibraltar. Cela seul suffirait pour qu'elle soit détestée. »

Depuis que ces lignes ont été écrites, la paix a été faite, mais l'Angleterre y intervint encore. En 1893, une nouvelle expédition fut reconnue nécessaire, moins peut-être pour des raisons de politique extérieure que pour des motifs de politique intérieure. Ces motifs existent toujours, surtout depuis la guerre hispano-américaine, qui a enlevé à l'Espagne ses dernières colonies, dernier champ d'expérience de son parti militaire, et surtout aussi depuis que le voisinage d'une jeune république est venu menacer ses institutions.

× ×

Lorsque, au début du XXe siècle, s'est ouverte réellement la question marocaine, quelle était la situation de l'Espagne en Afrique ? Elle possédait sur la Méditerranée quatre présides : Ceuta, Mélilla, El Peñon de Velez et Alhucemas, et, en plus, les îles Chaffarines, prises en 1848 dans les conditions que nous avons expliquées. Sur l'Atlantique, l'Espagne pouvait, à la rigueur, réclamer « l'hinterland continental » des Canaries, vers Ifni (ou Santa Cruz de Mar Pequeña), point qu'il n'a pas été facile de déterminer, bien que nos voisins déclarent les posséder depuis le 4 juillet 1503.

Elle possédait en plus la partie de la côte connue sous le nom de Rio de Oro, occupée avec le consentement de la France. Enfin, dans le golfe de Guinée, les îles de Fernando Po, d'Elobey, d'Annobon (1) et de Corisco, et le territoire appelé Rio del Muni, lui appartenaient.

Les efforts faits depuis plusieurs siècles pour pénétrer le Maroc par le nord n'avaient donc abouti qu'à la possession de quatre ou cinq points du littoral méditerranéen, sans que jamais l'influence espagnole pût dépasser un très faible rayon. Cette situation précaire avait même fait discuter à certaines époques l'abandon pur et simple de ces ports qui « coûtent gros et ne sont d'aucune utilité ». Sous d'Aranda, plus récemment en 1872, cette mesure fut

(1) L'île d'Annobon fut découverte le jour de l'an 1471 par les Portugais et cédée à l'Espagne en 1778.

sur le point d'être adoptée. Il est donc à présumer que l'Espagne reconnaissait elle-même que ses tentatives ne pouvaient être couronnées de succès, et que l'influence gagnée au Maroc après tant de travaux et d'expéditions était à peu près nulle. Ses droits, par le fait même, étaient des plus restreints, si même ils existaient. Elle avait sans doute voulu conquérir; mais une volonté inexécutée dans ces conditions peut-elle constituer un droit ?

Du côté de l'Atlantique, la situation n'était guère meilleure. Là aussi l'Espagne était restée en marge du Maroc, sans jamais pouvoir y mordre. Est-ce impuissance, inertie ? On ne sait. En 1861, le traité de l'Oued-el-Raz lui accordait une partie de la côte vers Santa Cruz de la Mar Pequeña. Au mois de janvier 1900, dans une séance des Cortès, on se plaignit de ce que le Maroc s'était toujours refusé de mettre l'Espagne en possession du territoire cédé. Lorsque, en 1895, un syndicat anglais, sous le nom de Compagnie de l'Afrique Nord-Ouest, établit des comptoirs au cap Juby, le gouvernement marocain, désireux de faire constater ses droits de souveraineté, acheta les établissements de la Compagnie. Malgré quelques revendications platoniques de l'Espagne, l'Angleterre reconnut la souveraineté du sultan sur les territoires situés entre l'oued Draa et le cap Bogador. Le même traité accordait aux Anglais une faculté de préemption sur la zone considérée. L'hinterland continental des Canaries était donc des plus restreints, en fait et en droit, sauf au Rio de Oro.

Dans le golfe de Guinée, la situation est reconnue

par tous dans les îles et sur la côte; le dernier traité franco-allemand du 4 novembre 1911 n'a fait que modifier un voisinage au Rio del Muni, qui, désormais cerné dans une tenaille germanique, aura peut-être beaucoup de peine à rester castillan.

Depuis l'époque où l'affaire marocaine est entrée dans une période aiguë, l'Espagne a repris ses rêves d'antan dans le nord-ouest de l'Afrique. La succession de l'empire chérifien allait être ouverte; il fallait, profitant des appétits que faisait naître ce morceau de choix, s'en approprier une part. Seule, elle n'aurait sans doute pas été capable, comme jadis, d'arriver à ses fins. Mais la France pénétrait le Maroc, à l'est et à l'ouest; l'effort à faire était donc moindre pour elle, si elle agissait au nord. La concentration des forces chérifiennes contre elle seule ne paraissait plus possible; n'était-elle pas, de plus, poussée dans cette aventure par ceux qui voulaient faire échec à la France ? Du reste, ne lui avions-nous pas, dès 1902, proposé un traité avantageux qu'elle refusa et qu'elle accepta modifié à son détriment deux années plus tard ?

Somme toute, si nous n'étions pas entrés au Maroc, si nous n'avions pas, avec la générosité qui caractérise notre race, reconnu à l'Espagne des droits rêvés plus que réels, jamais cette puissance n'aurait pénétré au Rif ou ailleurs; elle devrait nous être reconnaissante de cet appui, qui a facilité ses désirs dans une très large mesure.

Mais il y a plus. Le Maroc, de par les traités, est devenu propriété en partie française, en partie espagnole. De cette situation peut résulter un grand bien ou un grand mal pour l'Espagne : grand bien si elle marche d'accord avec nous; grand mal si, cédant à de mauvaises suggestions, elle ne songe qu'à envier la part du co-partageant et à semer la discorde. Si la lutte, même sourde, devait s'ouvrir entre la France et l'Espagne, il n'est pas douteux que c'est cette dernière qui en pâtirait le plus. Au Maroc, il y a encore quelques mois, nous ne pouvions agir sans l'Espagne; maintenant nous sommes libres de toute coopération effective, si tel est notre bon plaisir. Pour le développement commercial, industriel, agricole, il nous est à peu près indifférent d'avoir la façade nord : les produits peuvent s'écouler par l'est et par l'ouest. L'Espagne, au contraire, a besoin de nous. Si nous lui coupons les routes au sud du Rif; si, tout en restant dans la légalité, nous l'isolons dans son domaine marocain, ce qui nous serait facile, quel avenir serait réservé à ce protectorat espagnol ? Il végéterait comme les anciens présides.

D'autre part, l'Espagne aura besoin d'argent, d'abord pour se rendre maîtresse du Rif, puis pour l'organiser. Où en trouvera-t-elle ? L'Allemagne est un conseiller qui ne paye pas; à Madrid, on le sait bien. L'Angleterre est un bon prêteur, mais il lui faut des gages solides, un Gibraltar quelconque, par exemple. La France pourra seule donner à l'Espagne ce qui lui sera indispensable, dans des conditions honorables et économiques (1). N'a-t-elle pas

(1) A ce sujet, voici ce qu'on peut lire dans la *España economica y financiera* du 23 septembre 1911 : « Ce serait une

fait preuve d'une grande générosité ces dernières années vis-à-vis de sa sœur latine ?

Ainsi, de quelque côté que l'Espagne envisage le problème marocain, elle peut se convaincre que, seule, elle n'est capable de rien et que son intérêt bien compris est de lier son action à la nôtre. De sa bonne volonté dépend son avenir en Afrique, sa mauvaise volonté étant impuissante à empêcher notre expansion.

× ×

Cette situation n'a, du reste, pas échappé à différents auteurs espagnols. Leurs réflexions à ce sujet sont bonnes à rappeler et peuvent servir de conclusion à une étude rapide de l'histoire de l'Espagne en Afrique.

Dans son livre : *Politica de España en Africa*, M. Gonzalo de Reparaz s'exprime ainsi (p. 207) :

« Il est indiscutable que la France possède une situation privilégiée dans le nord de l'Afrique. De cette situation privilégiée découlent pour la France les avantages suivants :

» 1° Ceux dérivés de la situation géographique;

---

illusion de croire que, sans le marché français, l'Espagne pourrait progresser... Sans le capital français, nous n'existerions pas économiquement, nous ne bénéficierions pas des avantages du progrès, vu qu'il est évident que nos propres ressources seraient insuffisantes pour nous les assurer... Et en même temps la France est un de nos principaux clients; nous lui vendons pour 238 millions de pesetas de marchandises, alors que nous ne lui en achetons que pour 198. »

» 2° Les abondantes ressources matérielles que la conquête a mises dans sa main;

» 3° L'expérience coloniale;

» 4° L'autorité morale devant l'Europe;

» 5° L'autorité morale vis-à-vis du monde musulman;

» 6° Les musulmans qu'elle a su gagner à sa cause et qui sont des éléments merveilleux de pénétration et de conquête;

» 7° La supériorité stratégique indiscutable pour opérer en une direction quelconque et principalement au Maroc.

» A cette situation privilégiée, nous ne pouvons rien opposer ni en droit ni en fait. Pendant des siècles nous avons cependant occupé une situation analogue, avec cet avantage que, à cette époque de l'histoire, la question de Berbérie était purement espagnole. De telles occasions, une fois perdues, ne se retrouvent pas. Personne, autre que nous-mêmes, n'est coupable de la complication de Gibraltar survenue dans les premières années du XVIIIe siècle, et suivie dans la première moitié du XIXe de la complication de l'Algérie. »

Voilà donc la situation des deux nations nettement déterminée. L'une, la France, est fortement étayée dans le nord de l'Afrique; l'autre, l'Espagne, a tout perdu au Maroc, par sa faute, depuis de nombreuses années, et même sur son territoire national elle n'a pu conserver Gibraltar. De cette constatation, l'auteur du passage cité tire, quelques pages après, cette conclusion, qu'il faut, avant tout, pour réussir dans l'entreprise marocaine, que l'Espagne conserve l'amitié de la France.

Quant à la question de partage des zones d'action de chacune des puissances, un article du *Libéral* du 22 mars 1912 semble indiquer que les appétits castillans sont peut-être hors de proportion avec les ressources dont l'Espagne dispose :

« Des milliers de kilomètres disputés sur la carte ne peuvent nous inquiéter que d'une façon, savoir : qu'on nous prenne au mot et qu'on nous oblige à les occuper; car l'heureux temps n'est plus où nous faisions le rôle commode du chien du jardinier. Aujourd'hui, il faut que nous mangions ou que nous laissions manger les autres. Il nous faut occuper et civiliser pour de bon ou nous résigner à ce que les autres occupent et civilisent. »

Le *Liberal* ajoute :

« Le Rif, déjà à nous, comme condamnation ou comme cadeau, Tétuan à la veille de l'être, Larache, El-Ksar entre nos mains, et une fois la côte marocaine qui fait face à l'archipel des Canaries bien sauvegardée (chose plus indispensable que bien d'autres), nous pouvons nous considérer comme indemnes, quant à nos intérêts et à notre orgueil national. »

Le *Libéral* termine ainsi :

« Avant d'aspirer à la domination de vastes et inutiles territoires, il faut examiner d'une façon consciencieuse si nous avons assez d'hommes et de ressources pour nous y installer. Il nous semble à nous que non, parce que, si pour le Rif, il nous faut, d'après les calculs des experts, de 80 à 100.000 hommes, il nous en faudrait pour le reste au moins autant. »

L'orgueil a joué un rôle prépondérant dans l'affaire espagnole marocaine, orgueil dont on comprend l'origine quand on lit les pages glorieuses de l'histoire castillane; orgueil dont on saisit le mobile lorsqu'on parcourt le récit des secousses qui ont agité la nation au cours de ce dernier siècle; mais orgueil dont on n'aperçoit pas le but pratique, car il conduit à une politique qui pourrait n'être pas suffisamment soutenue par les ressources actuelles de l'Espagne.

Ne serait-ce pas l'occasion de répéter cette réflexion que le colonel von Gœben écrivait il y a près de cinquante ans :

« Les Espagnols raisonnables se rendaient compte que leur patrie, pour se développer, avait, avant tout, besoin de la paix et même, dans le cas le plus favorable, ne pouvait rien tirer de bon du Maroc (1). »

Depuis que ces lignes ont été écrites, Cuba, Porto-Rico, les Philippines ont été enlevées à l'Espagne et le nombre des Espagnols raisonnables de 1860 s'est sans doute modifié.

---

(1) *Une Mission militaire au Maroc en 1860.* (Impressions du colonel Goeben, p. 44.)

VI

L'ITALIE EN AFRIQUE

La Rome antique étendait sa puissance sur les rives de la Méditerranée; elle avait conquis et organisé le nord de l'Afrique depuis les colonnes d'Hercule jusqu'au delta du Nil. De ces régions, riches alors, elle tirait les ressources nécessaires à son vaste empire, depuis le blé jusqu'aux esclaves et aux bêtes féroces nécessaires aux fêtes de son peuple.

La Rome moderne, après des siècles d'oppression, de rivalités, a recouvré la liberté et l'unité; devenue désormais puissance, elle a voulu, reprenant la tradition, se créer des dépendances africaines, s'assurer dans la Méditerranée la place que sa position géographique lui destine et, dans le continent noir, celle que sa situation européenne semble lui imposer. Par atavisme, par ambition ou par la force des choses, l'Italie est devenue africaine et, désormais, prise dans l'engrenage, elle ne peut en sortir, sous peine de déchoir. Comme sa grande sœur latine, la France, il va lui falloir peiner pour conquérir, et peiner plus encore pour vaincre le désert qui, depuis la chute de l'empire romain et l'invasion des barbares et des Arabes, a fait, des plaines fertiles de jadis, des océans de sable.

Il est dans le destin des peuples modernes de vivre de l'extérieur et par l'extérieur, de chercher à étendre leur mouvement économique partout où il y a des marchés ouverts et d'en ouvrir au besoin. Cette loi s'est imposée à la jeune Italie, comme à la jeune Allemagne et à la jeune Belgique, et seuls les peuples jadis puissants, mais usés, disait-on, par la lutte de la vie, ne peuvent plus s'y soumettre. Pour ceux-ci, l'avenir est incertain; pour ceux-là, la fortune semble sourire, et ils en deviennent plus confiants, plus audacieux. Ils en arrivent même à tenter des conquêtes parfois impossibles ou alors à se jeter sur les faibles pour les dépouiller. L'Italie n'a pas résisté à ces tentations. Avec toute l'ardeur juvénile d'un peuple rénové, elle s'est lancée dans la bagarre coloniale dès qu'elle a vu ses forces suffisantes ou ses alliances assez solides pour affronter la fondation d'un domaine d'outre-mer.

× ×

L'Italie, presque dès sa fondation, a souffert du mal de l'émigration. Chaque année, des centaines de mille d'Italiens quittent la mère-patrie pour aller gagner leur vie à l'étranger. Ce sont les deux Amériques qui les attirent le plus. Aux Etats-Unis seuls, le nombre des émigrés peut être évalué à plus de 2 millions, et là, beaucoup — un peu plus de la moitié, d'après les statistiques — se font nationaliser, afin de devenir électeurs et de jouir des droits syndicaux qui leur offrent certaines garanties contre le chômage et la maladie.

Dans l'Amérique du Sud, c'est principalement vers le Brésil, l'Argentine et l'Uruguay que se dirigent les courants d'émigration italienne. Là, tous les nationaux se groupent, formant de véritables colonies, souvent très prospères, mais qui, faute d'être assez couvertes par le pavillon national, ne peuvent maintenir le contact permanent avec leur patrie. Ce sont des forces considérables perdues pour l'Italie; et pourtant, bien d'autres peuples sont aussi migrateurs et semblent en éprouver un moindre mal. Cela tient à leur race, à leur éducation en tant que nation, à leur instruction en tant qu'individus. L'Allemand, par exemple, à de rares exceptions près, reste Allemand à l'étranger et, grâce à la discipline et au sentiment du devoir, fait bénéficier la patrie de ses efforts, à quelque endroit qu'ils se produisent. L'Italien émigrant, au contraire, ignorant et illettré la plupart du temps, oublie petit à petit son sol natal où, s'il s'en souvient, le cœur y joue seul un grand rôle. Au point de vue pratique italien, le rendement est donc à peu près nul. Il est impossible de songer, dans l'état actuel du royaume, à enrayer cette déperdition de forces vives. L'Italien du Sud principalement, très prolifique, ne trouve pas dans le sol ingrat la nourriture nécessaire. Il lui faut chercher son existence ailleurs, soit dans les pays anciens où la main-d'œuvre est rare et l'industrie florissante, soit dans les pays neufs où la terre fertile attend des bras pour la culture.

Emu de cette situation, le gouvernement essaya d'endiguer ce courant d'émigration à son profit, en cherchant des territoires fertiles que l'Italie prendrait et vers lesquels les Italiens seraient dirigés. Sur la côte méridionale de la Méditerranée, deux contrées, plus ou moins dépendantes du sultan de Constantinople, attirèrent tout d'abord leurs regards : la Tunisie et la Tripolitaine.

La première de ces régions aurait particulièrement plu au gouvernement italien. Au point de vue du climat et de la fertilité d'abord, on ne pouvait désirer rien de mieux que ces vallées et ces plaines où poussent le blé, la vigne, l'olivier, cultures analogues à celles de l'Italie du Sud. Au point de vue politique, la situation était merveilleuse. Elle permettait à cette puissance de tenir la porte intérieure de la Méditerranée entre Palerme et le cap Bon. Avec une station navale à Bizerte ou à Tunis, elle pouvait acquérir une grande influence sur tout le bassin de cette « *Mare nostrum* », que les descendants des Romains revendiquent. Rome, pour la seconde fois, aurait assis sa domination sur Carthage.

Ce désir ne put se réaliser.

La situation déplorable dans laquelle se trouvaient l'administration et les finances tunisiennes avait forcé, dès 1869, la France, l'Angleterre et l'Italie à intervenir vis-à-vis du gouvernement beylical pour le contraindre à accepter certaines mesures destinées à sauvegarder les intérêts des Européens. La commission internationale, nommée dans ce but, fut incapable de remettre de l'ordre dans cette anarchie vivante qu'était l'administration tunisienne. Aussi, en 1878, au congrès de Berlin, des pourparlers furent ils échangés à ce sujet. Il fut même question d'autoriser une puissance à intervenir directement. Bismarck songea à confier cette mission à l'Italie; c'était un moyen de la brouiller irrémédiablement avec la France, et, comme conséquence, de la rapprocher de l'Allemagne. L'Italie refusa. Ce n'est pas que l'envie lui en manquât, mais l'état de ses finances, l'état de ses forces, l'état de ses alliances, ne l'autorisaient pas encore à se lancer dans une conquête. Cette conquête, elle l'aurait voulue pacifique, en envoyant beaucoup d'émigrants en Tunisie, pour lui permettre, le moment venu, plus tard, de s'attribuer cette riche région. Elle n'osait pas encore procéder à une expérience coloniale qui pouvait, à l'heure présente, entraver son développement national. Elle n'osait pas aussi, peut-être, par scrupule. C'est ce qui explique cette réponse du président du conseil italien Cavioli au baron de Haymerlé, ambassadeur de Vienne à Rome, qui faisait allusion aux offres de Bismarck : « L'Italie, disait-il, entrera au Congrès les mains libres, voulant en sortir avec les mains nettes. » L'Italie de 1911 ne se souvient plus de l'Italie de 1878.

La France, invitée à son tour par Bismarck à intervenir dans la question tunisienne, s'empara en 1881 de la Régence. L'Italie devint triplicienne.

Il fallait donc chercher ailleurs. Du côté de la Tripolitaine, le gouvernement de Rome savait bien qu'il n'y avait rien à espérer pour le moment. La conquête de la Tunisie était trop récente pour que la France ne prît pas ombrage d'une occupation toute voisine; mais, cependant, l'Italie, jetée dans le sillage de l'Allemagne et de l'Autriche, ayant avec l'Angleterre des rapports cordiaux, se sentait suffisamment appuyée pour faire quelque chose en Afrique. Les regards se tournèrent alors vers la mer Rouge, sur les bords de laquelle, depuis 1869, le pavillon italien flottait.

Quelque temps, en effet, avant l'ouverture du canal de Suez, une compagnie génoise de navigation, la compagnie Rubattino, avait installé un point de relâche dans la baie d'Assab. Son domaine, d'abord très restreint, s'étendit petit à petit, si bien que, vers 1880, une grande partie du littoral lui appartenait. C'est là que les Italiens résolurent de s'installer.

Le gouvernement du roi Humbert se substitua donc, en 1882, à la compagnie Rubattino et s'empara de Massahouah peu après (1885), malgré les protestations de la Porte, du khédive et du négus. La Porte, qui avait cédé aux Egyptiens tous ses droits sur les côtes africaines de la mer Rouge, de Snakin au cap Guardafui, par firman du 27 mai 1866, n'avait plus à intervenir dans l'espèce. Le khédive, au contraire, dont les soldats avaient été brutalement expulsés de Massaouah, pouvait faire entendre une juste réclamation. Ses droits ne furent pas reconnus. Quant au négus, encerclé de plus en plus par les colonies européennes, il avait toujours rêvé conserver un débouché sur une mer libre. Devant le fait brutal, il s'inclina, tout en comprenant le danger qui allait encore le menacer de ce côté. Il voulut enrayer ce péril en limitant l'action italienne aux environs immédiats de Massaouah. Mais, peu après, l'Italie essayait de prendre de l'air. L'Erythrée, en effet, ne peut être une véritable colonie, de peuplement surtout, que si elle possède comme hinterland une partie de hauts plateaux abyssins. On se rappelle cette parole que prononçait le marquis di Rudini au retour d'un voyage en Erythrée :

« Nous pouvons faire de ce pays une villégiature, mais on ne voit pas quand et comment nous pourrons en faire un domaine. »

L'Italie s'avança donc progressivement vers l'intérieur, jusqu'au jour où le ras Abula écrasa un détachement italien à Saati et à Dogali (1887), rejetant les envahisseurs à la côte.

Jusqu'à la mort de l'empereur Jean, les Italiens maintinrent leur situation sans chercher à la développer. Dès que ce souverain eut succombé sous les coups des derviches, ils reprirent leur plan d'expansion. Espérant profiter des discussions qui, d'habitude, en Ethiopie, s'élevaient au moment de l'arrivée au pouvoir d'un nouvel empereur, les Italiens réoccupèrent d'abord Saati et signèrent le traité d'Ucciali avec Ménélick (2 mai 1889). Le gouvernement du roi Humbert, fort de ce traité, estimait pouvoir imposer un protectorat réel au négus, dont la bonne foi avait été surprise par la rédaction un peu ambiguë des termes de la convention. Ménélick protesta, disant que ses intentions avaient été dénaturées et qu'il entendait rester indépendant.

Cependant, les Italiens faisaient chaque jour de

nouveaux progrès. Keren, Asmara, Agordat, Adoua furent tour à tour occupées. Ménélick protesta à nouveau et obtint, après l'ambassade du comte Antonelli à la cour d'Addis-Ababa, la promesse de l'évacuation des nouvelles conquêtes (6 février 1891). Malgré ce traité additionnel, les Italiens maintinrent leurs positions.

C'est alors que furent conclus, entre les gouvernements de Londres et de Rome, deux protocoles qui réglaient le partage des zones d'influence dans l'Est africain. L'Italie obtenait un énorme territoire qui s'étendait de l'océan Indien à l'Erythrée actuelle et comprenait toute l'Ethiopie; mais elle était tenue soigneusement à l'écart de la vallée du Nil.

Dès qu'il eut connaissance de ces conventions, Ménélick en appela à l'Europe, dans une lettre où on lisait ces mots :

« Je n'ai point l'intention d'être spectateur indifférent si les puissances lointaines se présentent avec l'idée de se partager l'Afrique, l'Ethiopie ayant été pendant plus de quatorze siècles une île de chrétiens au milieu de la mer des païens..... Nous espérons que les puissances chrétiennes..... nous rendront les frontières de la mer, au moins sur quelques points de la côte. »

L'Europe se tut. Ménélick se prépara à la guerre et répondit aux attaques des Italiens par la mobilisation de ses forces. Vainqueur de ses ennemis à Adoua dans les conditions que l'on sait, il déchirait le traité d'Ucciali et signait à Addis-Ababa un traité par lequel le gouvernement de Rome reconnaissait l'indépendance absolue de l'Ethiopie. L'Italie, toutefois, conservait une certaine partie du Tigré.

Quelle pouvait être la ligne de conduite du gouvernement de Rome après cette expédition désastreuse ? Plusieurs solutions se présentaient. Abandonner complètement cette contrée qui avait procuré tant de déboires ? A cela il ne fallait pas songer. Cette façon d'opérer eût jeté la déconsidération sur la puissance italienne et eût enlevé tout espoir d'expansion ultérieure. Il était préférable de garder un pied-à-terre qui donnait accès dans la maison convoitée. L'Italie pouvait ainsi rester isolée et attendre dans le recueillement l'occasion favorable. Mais, dans cette hypothèse, l'occasion se présenterait-elle jamais ? N'était-il pas préférable de s'allier à une des deux puissances, dont les intérêts éthiopiens étaient importants, afin de puiser dans cette union une force diplomatique nouvelle. Choisir entre l'Angleterre et la France n'était pas difficile. D'un côté, la Grande-Bretagne, déjà maîtresse de l'Egypte, en fait sinon en droit, repoussait les derviches et s'était déjà avancée vers Dongola. La conquête du Soudan paraissait certaine à cette heure, et il était aisé de prévoir que l'Est africain serait dominé par la volonté de l'Angleterre, dans un avenir tout proche. D'autre part, cette puissance avait échangé bien des vues avec l'Italie au sujet de la Méditerranée. Ces négociations, par la force des choses, avaient amené les deux gouvernements à s'entendre, à se comprendre. De là à un accord complet, il n'y avait qu'un pas. De l'autre côté, la France n'était-elle pas la rivale méditerranéenne dont la flotte imposante présentait une menace constante et qui, par son action en Tunisie, avait déterminé l'Italie à jeter ses regards sur d'autres rivages africains ? Notre action, du reste, dans cette partie du continent noir semblait à jamais limitée à notre petite enclave de Djibouti, qui était insuffisante pour impressionner l'Ethiopie. L'Italie s'accola donc avec l'Angleterre et, depuis, une intimité croissante n'a cessé d'unir les deux nations dans leur action éthiopienne.

Grâce à ce puissant concours, des relations courtoises furent bientôt renouées entre vainqueurs et vaincus. Tout en s'efforçant de développer économiquement le territoire de l'Erythrée, l'Italie s'ingénia à trouva en Ethiopie des débouchés pour ses produits industriels. En 1902, elle obtenait le droit de se livrer aux recherches minières et de pratiquer en toute liberté tel commerce qu'il lui plairait dans une zone considérable au sud du Mareb. Vers la même époque également, elle entreprenait la construction d'une ligne télégraphique destinée à réunir Addis-Ababa à Massaouah. De puissantes compagnies anglo-italiennes obtenaient des concessions dans l'Ouallaga et dans la région de Baro, Ainsi, l'Italie glanait de-ci de-là quelques miettes du gâteau abyssin, avec l'aide de sa puissante amie, escomptant bien qu'un jour une part importante lui serait réservée, car l'Ethiopie apparaît toujours à l'Italie comme un des lieux du monde où son émigration est appelée le plus sûrement à réussir. En cela, elle a raison : sur ces plateaux salubres, ses paysans, ses ouvriers, travailleurs et sobres, pourraient faire des merveilles. Mais, pour le moment plus encore que par le passé, il ne faut songer à s'installer dans l'Ethiopie. Depuis 1896, l'empire du négus a beaucoup gagné en force et en vitalité. L'Europe ne l'effraie plus. Quant aux Italiens, ils ne se montrent pas encore de taille à enlever de vive force la souveraineté au roi des rois, quelque jeune qu'il soit. L'expédition de Tripolitaine tendrait à le prouver. Leur intérêt est de maintenir le *statu quo* en Abyssinie, tout en s'établissant en Erythrée, dans la part déjà belle qui leur fut laissée. Demander plus, pour le moment, serait folie. Ils ne peuvent et surtout ne doivent y prétendre, à l'heure actuelle.

Au sud-est de l'Erythrée, s'allongeant paresseusement le long de l'océan Indien, entre le fleuve Djouba et le cap Guardafui, les Italiens possèdent encore un autre domaine : le Bénadir ou Somalie italienne. Cette région leur fut reconnue par l'Angleterre par les conventions des 23 mars et 15 avril 1891, conventions qui ont été signalées plus haut et qui partageaient le Nord-Est africain en zones d'influence. Sans doute, ce n'est pas une colonie de grand avenir; mais, avec un peu de peine, il semble possible de développer non pas les côtes, souvent arides et desséchées, du moins l'hinterland dont les hauts plateaux présentent une certaine fertilité. Pour y arriver, il faudrait doter le Bénadir de quelques moyens de communication et en particulier du chemin de fer de Mogadiscio à Lugh, dont le projet a été si bien mis en valeur par l'ingénieur Giacomo

Buonomo. Tout cela est pour l'instant lettre morte. Les Italiens, occupés ailleurs, ont pour ainsi dire tout à fait négligé le Bénadir, et il est probable que de longtemps encore cette région restera abandonnée à ses propres forces, sans présent et sans grand avenir.

× ×

Lorsque, le 29 septembre 1911, le monde apprit que l'Italie avait déclaré la guerre à la Turquie et que ses escadres se dirigeaient vers Tripoli après avoir coulé quelques torpilleurs ottomans, c'est-à-dire à peu près inoffensifs, tout le monde fut étrangement étonné. Cet étonnement tourna au rire chez quelques-uns, à la rage chez d'autres. Presque seule en Europe la France conserva sa dignité. Envoyer une expédition aussi nombreuse pour vaincre quelques Turcs qui gardent les vieux murs de Tripoli ou de Benghazi, disait-on, est-ce assez ridicule ! C'est vouloir enfoncer une porte ouverte ! Comment, s'écriait la presse germanique, l'Italie, notre alliée, ose, sans nous demander l'autorisation, attaquer nos amis les Turcs, et veut leur enlever, en pleine paix, sans motifs bien valables, la seule province qui leur reste en Afrique ! L'Italie ne broncha pas devant ces sarcasmes, devant ces malédictions. Elle accomplissait un acte qu'elle préparait depuis longtemps, qui lui était nécessaire, et dont l'occasion lui fut fournie par ceux-là mêmes qui lui jetaient les plus sanglants reproches.

L'idée de prendre pied dans le nord de l'Afrique a

été cultivée par le gouvernement italien dès ses débuts. Par sa position géographique, par ces mille liens qui lui rappellent à travers les siècles ce qu'elle a été et ce qu'elle doit être, l'Italie est attirée vers cette mer qui l'entoure et vers les rivages qui limitent au sud la Méditerranée. Instinctivement, elle s'était d'abord tournée vers la Tunisie, mais la France lui barra la route. Cette désillusion lui fut tellement sensible qu'oubliant notre intervention en sa faveur quelque vingt ans plus tôt, elle passa à l'ennemi.

Le désastre d'Adoua vint réveiller encore sa blessure. Puissance européenne, alliée aux peuples les plus vigoureux du centre de l'Europe, elle était culbutée des plateaux abyssins par un monarque dont le nom jusque-là était à peu près inconnu. Un vent de stupeur passa sur la nation. Le sang des 20.000 morts d'Adoua demandait une compensation : la Tripolitaine devait l'offrir.

Avant de se lancer dans cette nouvelle aventure, l'Italie devait refaire ses forces, redonner de l'équilibre à ses finances et préparer par un travail patient son action ultérieure dans la région convoitée. C'est à quoi elle se consacra, attendant le jour où une occasion favorable se présenterait. Pénétrer la Tripolitaine, dernier vestige de la puissance ottomane en Afrique, n'était pas chose facile pour l'Italie. Elle devait se heurter au mauvais vouloir du gouvernement turc, qui, comprenant le danger d'une infiltration italienne, résistait, avec toutes les forces de son apathie, aux demandes formulées par le cabinet de Rome. Elle devait aussi rencontrer des Français, des Tunisiens, des Anglais, des Maltais qui, installés en Tripolitaine, y avaient acquis une certaine situation. Il lui fallait donc, non seulement lutter contre des courants commerciaux déjà établis, mais obtenir le consentement tacite ou réel de la part des puissances intéressées. Elle y parvint. En 1902, la France la laissa libre d'agir comme elle l'entendait en Tripolitaine, à condition de ne pas entraver ses projets marocains. L'Angleterre, de son côté, n'y mit pas d'obstacles. Alors, à l'aide des compagnies de navigation, à l'aide surtout de la *Banco di Roma*, elle développa tout un plan de pénétration pacifique, en attendant mieux.

La Turquie, comprenant les menaces, se mit sur la défensive. Elle renforça les troupes d'occupation, rétablit en Tripolitaine le service obligatoire, aboli lors de la conquête, en 1835. Ces mesures, il faut le dire, ne furent pas appliquées avec vigueur. La seule chose que le gouvernement ottoman réussit à faire, fut d'exaspérer le gouvernement italien par des tracasseries d'administration dont la nécessité ne s'imposait pas toujours. Cependant, cette situation aurait pu durer très longtemps si des événements n'avaient fait naître l'occasion tant souhaitée par l'Italie. L'intégrité de l'empire ottoman, qui était un des arguments les plus sérieux que l'on aurait opposés à une idée d'occupation de la Tripolitaine, n'existait plus en Europe après l'annexion de la Bosnie et de l'Herzégovine. En Afrique, ce principe pouvait donc être mis complètement de côté. L'Allemagne, en envoyant un vaisseau à Agadir, indiquait que la manière forte, celle des pirates de jadis, n'était pas en contradiction avec les théories de la civilisation moderne. La France, de son côté, s'apprêtait à prendre définitivement pied dans ce Maroc au sujet duquel l'Italie, en 1902, avait signé une convention. La contre-partie de l'occupation de Fez devait être celle de Tripoli. La Turquie, menacée un peu partout en Europe et en Asie, avait momentanément diminué ses garnisons africaines. Jamais donc les circonstances ne s'étaient présentées sous un jour plus favorable.

D'autre part, la situation militaire, économique et financière du royaume permettait un effort; n'avait-on pas 600 millions en réserve, de bonnes troupes et d'excellents navires ?

Enfin, depuis quelques années, le nationalisme s'était beaucoup développé en Italie. Issu d'un sentiment patriotique bien entendu résultant de la double évolution des idées et des faits politiques, ce mouvement n'était pas seulement l'apanage d'un parti politique; son origine, en effet, est une espérance à laquelle toutes les opinions peuvent se rallier; son point d'arrivée est un idéal qui fait déjà battre bien des cœurs italiens. Entraîné par des poètes comme Giosué Carducci, d'Annunzio, par des écrivains comme Enrico Corradini, Mario Viana, le sentiment national grandit vite dans toutes les classes de la société. L'amour de la patrie italienne, le souci de sa grandeur, furent des idées qui revenaient de jour en jour plus populaires et auxquelles un gouvernement ne pouvait résister. La guerre devenait sainte, c'était un hommage rendu au culte de la patrie.

Le prétexte de cette guerre, il n'en était nul besoin. On en avait mille mauvais et pas un de bon; mais à quoi sert un prétexte ? Le droit du plus fort n'était-il pas, à l'heure actuelle, un droit reconnu, et Corradini ne faisait-il pas savoir à la nation italienne que l'avenir est aux peuples de proie ? Après Agadir, Tripoli s'exigeait. L'expédition partit donc sous les auspices les plus heureux. Elle avait été préparée avec soin, et tout marcha à souhait au début. Mais les événements déjouèrent les prévisions. Au lieu d'un simple débarquement qui devait amener rapidement la paix, les Italiens se heurtèrent à des résistances de toutes sortes. Le gouvernement ottoman, qui ne pouvait pas admettre la violation de ses droits de souveraineté, refusait de s'incliner devant la violence et de sanctionner à nouveau sa déchéance. La vaillance et l'énergie des soldats turcs et arabes faisaient entrevoir une occupation difficile et une pacification longue. Impulsifs comme tous les peuples de race latine, l'esprit enveloppé d'illusions dangereuses, les Italiens s'étaient lancés dans cette aventure, comme jadis à l'assaut des montagnes éthiopiennes, sans envisager tout l'effort à produire. Le départ avait été admirablement combiné, mais la suite des opérations laissée au hasard. Aussi, depuis un an, malgré les 100.000 hommes qui bataillent en Lybie, malgré une flotte nombreuse qui maintient la maîtrise des côtes, les Italiens n'ont pu pénétrer à l'intérieur du pays. Leurs ennemis, beaucoup moins nombreux, mais mobiles à l'excès, leur glissent entre les mains pendant que leurs grands adversaires, le soleil et le désert, réclament pour la conquête bien des victimes humaines.

× ×

Qu'adviendra-t-il de tout cela ?

Sans aucun doute, l'Italie finira par vaincre, elle en a les moyens; mais cette victoire devra être chèrement payée en argent et en hommes (1). Et, après, ce seront encore d'autres sacrifices exigés pour la mise en valeur; car, en Tripolitaine, ou plutôt en Lybie, comme les Italiens appellent ce coin d'Afrique, les Turcs ont opéré, comme partout ailleurs, leur besogne destructive et dévastatrice. Sous le sable, il faudra chercher la terre fertile et, sous la terre, on devra découvrir l'eau et la faire jaillir. Œuvre de longue haleine et qui exigera peut-être les efforts de toute une génération. A ce point de vue donc, le but final sera atteint : l'Italie aura pris définitivement pied sur les rives méridionales de la Méditerranée, et sa puissance en sera accrue.

La Turquie ne peut y mettre obstacle. Sa seule défense, toute platonique, d'ailleurs, consistera dans le refus de sanctionner la conquête. Mais l'Europe

(1) Le traité de Lausanne, signé ces jours derniers sous la pression de la guerre balkanique, a sanctionné l'occupation de la Tripolitaine par l'Italie. Cet événement, survenu plus tôt qu'on ne l'attendait, sera de nature à faciliter la tâche des Italiens, auxquels il restera cependant de grosses difficultés à vaincre pour l'occupation du pays et son organisation. (*Note de l'auteur.*)

n'est-elle pas habituée à agir sans demander à la Porte son consentement ? Les Anglais en Egypte, les Autrichiens en Bosnie et Herzégovine, les Français en Tunisie, n'ont pas pu obtenir des Turcs la reconnaissance de leurs nouveaux droits. Les Italiens s'en passeront comme les autres.

Mais, à côté de cette question de souveraineté africaine qui sera résolue en faveur de l'Italie, d'autres viennent ou viendront se poser au gouvernement de Rome. Quelle pourra être son attitude vis-à-vis de la double coalition européenne ? car il faut bien être persuadé que les problèmes africains ont leur origine et leur point d'aboutissement dans les chancelleries européennes.

La France, l'Angleterre et la Russie ont, sinon facilité, du moins approuvé, dans une certaine mesure, l'action italienne : l'une par respect des conventions signées, l'autre par un sentiment anti-germanique, la troisième par haine de tout ce qui est turc. Il semblerait donc naturel que l'Italie, au moment de renouveler le pacte d'alliance, hésitât et se tournât vers des puissances qui l'ont soutenue, au moins moralement. Peut-il en être ainsi ? Il n'est pas permis de le croire. Les affaires de Manouba, les discussions survenues à l'occasion de l'occupation de la baie de Solun par les troupes anglo-égyptiennes, sont des accidents qui se produisent souvent même entre amis au moment d'une guerre. Ces événements, très secondaires d'ailleurs, ne peuvent seuls faire croire à l'animosité de l'Italie vis-à-vis de la Triple Entente.

Ainsi qu'il a été dit plus haut, le gouvernement de Rome, à cause des résistances imprévues rencontrées sur le chemin de la conquête, a dû envoyer en Lybie un effectif estimé à 100.000 hommes. C'est-à-dire que la moitié de l'armée italienne du temps de paix est occupée en dehors du royaume. Pour maintenir son contingent, l'Italie a convoqué des réservistes. Il n'en résulte pas moins que le gouvernement est actuellement démuni d'une grande partie de ses forces. Il a peut-être le nombre; mais la qualité des troupes et surtout des cadres, dont les meilleurs éléments sont en Tripolitaine, le met dans une situation délicate au point de vue de sa défense nationale. Si la campagne devait se terminer rapidement, cette rupture d'équilibre n'aurait pas grande importance; il n'en est malheureusement pas ainsi. Dans ces conditions, le parti le plus sage est de faire des avances au voisin le plus menaçant. Pour l'Italie, est-ce la France et la Triple Entente, ou l'Autriche et la Triple Alliance ? La question se résout d'elle-même, sans qu'il soit besoin d'insister. Malgré toutes les injures dont son action en Lybie a été couverte par la presse germanique, malgré les menaces non déguisées que lui a faites sans ménagement l'Autriche, malgré le désir de ses nationalistes de rattacher au royaume les provinces de l'Adriatique, l'Italie est de plus en plus rivée à la chaîne triplicienne.

Ce ne serait que demi-mal pour elle, si les circonstances défavorables qu'elle traverse ne faisaient craindre, au moment du renouvellement prochain de l'alliance, des exigences plus grandes de la part de ses partenaires. L'âme germanique est âpre au gain, sans pitié; ne profitera-t-elle pas de l'occasion pour demander beaucoup et faire payer cher à l'Italie la sécurité qui lui est indispensable ? L'Allemagne a pris à la France une partie du Congo pour son désintéressement aux choses marocaines; que ne pourra-t-elle exiger pour la protection qu'elle assure à l'intégrité de la patrie italienne ?

Ainsi, la question de la Tripolitaine peut devenir, pour la puissance qui en profite, une cause de grandeur et de servitude (1).

(1) Ces pages étaient écrites avant les événements qui ont mis le feu aux Balkans et amené la signature du traité de Lausanne. Nous les avons laissées afin de montrer à quelles difficultés l'Italie se trouvait exposée et combien il a été heureux pour elle que la guerre soit déclarée par les puissances balkaniques. Le Monténégro, en se lançant le premier dans la bataille, a étrangement favorisé la politique italienne. (*Note de l'auteur.*)

VII

LA BELGIQUE EN AFRIQUE

Dans les volumes des lettres de la reine Victoria, volumes qui ont été publiés par ordre du roi Edouard, on trouve les deux passages suivants qui concernent celui qui fut Léopold II, roi des Belges :

« Le petit cousin doit être un petit amour. Que je voudrais le voir, jouer avec lui ! Sait-il, cher oncle, qu'il a une tante et une cousine de l'autre côté de l'eau ? » (16 janvier 1837.)

« Je suis heureuse d'apprendre que Léo doit paraître au prochain bal. Il a près de neuf ans. Il est bon d'habituer de bonne heure à semblables cérémonies des enfants de son rang (1). »

Ces citations suffisent à prouver que, dès son berceau, le futur roi Léopold avait acquis l'affection de la reine d'Angleterre et aussi de la nation britannique. De fréquentes visites à Londres, faites par le jeune duc de Brabant, resserrèrent encore ces liens de parenté et d'amitié. Mais le temps, qui fait les hommes et qui permet à leurs instincts personnels de se développer, modifia bientôt cette harmonie de famille; car le jeune Léo se dévoila de plus en plus

(1) Citées par l'*Echo de Paris* du 18 décembre 1909.

colonial, et colonial sinon ennemi, du moins rival de l'Angleterre. Aussi, malgré la souplesse de sa politique, malgré son habileté à employer des Anglais à la réalisation de ses desseins, le roi Léopold s'attira d'abord la suspicion, puis l'hostilité de la Grande-Bretagne, et finalement, à l'issue de son règne glorieux, une campagne passionnée et ardente était menée contre le souverain du Congo, qui avait osé se mettre en travers des projets coloniaux de la Grande-Bretagne. Dans les dernières années de son règne, la presse a déversé sur le roi Léopold toutes les accusations que l'on peut imaginer. Vie privée, vie publique, vie coloniale, tout fut passé au crible. La situation en était venue à ce point que, dans un banquet à Londres, donné le 9 novembre 1909, M. Asquith, chef du gouvernement, déclarait que, sans l'intervention de M. Renkin, le ministre belge des colonies, « le cabinet anglais se serait décidé à ne reconnaître les droits d'aucune juridiction sur les sujets anglais voyageant dans le bassin du Congo ». C'était nier la souveraineté, remettre en cause l'existence et la constitution du Congo belge, et aboutir finalement à une lutte, à laquelle forcément les puissances signataires du congrès de Berlin auraient été forcées de se mêler.

Depuis la mort du roi Léopold, il semble que le conflit se soit apaisé, en partie du moins, avec l'Angleterre; mais un autre danger s'est présenté sous la forme de l'expansion allemande en Afrique, expansion qui s'est manifestée d'une façon si brutale lors de la conclusion du traité franco-allemand du

4 novembre 1911, soit dans les termes mêmes du traité, soit dans les allusions faites dans les discours de certains hommes politiques, soit surtout dans les articles de la presse allemande.

Il y a là une situation très délicate pour la Belgique coloniale africaine. Le roi Léopold, avec la souplesse de sa diplomatie, son habileté à manier les hommes et les capitaux, aurait sans doute su détourner de son pays l'orage qui le menace. Il aurait défendu son Congo avec la dernière énergie, car c'était quelque chose de son sang, beaucoup de son esprit. Son successeur pourra-t-il obtenir le même résultat ? Il faut l'espérer, car la neutralité du Congo semble aussi précieuse en Afrique que celle de la Belgique en Europe. Si l'une est entamée, l'autre ne survivra pas longtemps. Ce sont deux contre-poids qui se font équilibre et qu'il serait dangereux de toucher pour la paix générale.

De ses études, des voyages faits à l'étranger, aux Indes et en Chine, le roi Léopold avait retiré la conviction que son pays était destiné à un avenir plus grand que celui entrevu par les diplomates lorsqu'ils jetèrent la Belgique, sur la carte d'Europe, comme « une modeste expression géographique ». La Belgique, surpeuplée, industrielle, devait devenir commerçante et coloniale.

« Il faut que notre cercle d'action s'étende, disait-il au Sénat le 17 février 1860. Si, pour des causes diverses, certains marchés rapprochés de nous et fort commodes deviennent moins accessibles à notre fabrication, nous en voyons s'ouvrir d'autres plus éloignés, il est vrai, mais bien plus vastes, et qui, d'ici à peu d'années, grâce aux chemins de fer, aux bateaux à vapeur et au télégraphe électrique, seront d'un accès facile à ceux qui auront eu la sage prévoyance de s'y ménager une bonne base d'opérations. »

D'autre part, il disait encore en 1861 :

« La Belgique ne s'est pas assez souvenue que la mer baigne une de ses frontières; nos 1.600 kilomètres de chemin de fer, les plus anciens du continent, nos 1.300 lieues de grande voirie, nos 2.500 lieues de routes pavées et empierrées n'attendent-ils pas impatiemment que l'Etat les complète et les prolonge au moyen de lignes régulières de navigation vers les principaux marchés du monde ? Au bout de ces lignes de navigation belge, naîtront, je l'espère, selon les lieux, soit des maisons, soit des comptoirs belges. »

Ainsi, ce que voulait le duc de Brabant, avec une prévision admirable de l'expansion mondiale moderne, c'était donner à la Belgique des débouchés et aussi des maisons, des comptoirs et des colonies. Le programme était vaste; il fut réalisé par le roi Léopold II avec une énergie, une persévérance et une diplomatie remarquables. Malgré tous les obstacles rencontrés au cours de son règne et provenant soit de l'extérieur, soit aussi de son propre peuple, la Belgique a pris part au mouvement mondial; son commerce en quarante ans est passé de 1 milliard et demi à 6 milliards, pendant que cette « expression géographique » acquérait presque malgré elle un domaine colonial grand comme la moitié de l'Europe ! Aussi, devant ces résultats vraiment extraordinaires, ne peut-on s'empêcher de se rappeler les paroles presque prophétiques prononcées au banquet du *Litterary Fund* en 1873, à Londres, par Gladstone, le grand ministre anglais :

« Le roi Léopold est un de ces souverains de qui nous ne serions pas honteux, si besoin était, de recevoir ces leçons de gouvernement constitutionnel que nous avons parfois la prétention d'enseigner. »

Quand il monta sur le trône, Léopold II n'abandonna pas ses rêves grandioses d'expansion. Mais que pouvait faire un petit peuple de 5 millions d'habitants à peine ? Comment espérer pouvoir asseoir sur des forces aussi restreintes, sur des bases aussi peu solides de vastes entreprises lointaines ? Sous quelle forme construire son édifice sans entrer en lutte avec les intérêts de nations puissantes et jalouses de leur pouvoir ? L'humanitarisme venait d'apparaître; il le mit à la mode et avec un art inouï sut jouer de la philantropie pour fonder son empire. C'est un de ses grands mérites que d'avoir su conduire ses contemporains, même les plus avisés, par l'idée anti-esclavagiste. Comme les preux d'autrefois, il prêcha la croisade et se fit le champion de la liberté humaine : « Je percerai les ténèbres de la barbarie. »

Bien avant que les Européens se soient occupés de la question africaine, le roi Léopold II était attiré vers ce continent encore vierge de toute civilisation et qui n'était frangé sur ses bords immenses que par quelques comptoirs de marchands. N'était-ce pas à cette Afrique mystérieuse à laquelle il faisait allusion quand il disait :

« Nous n'avons hérité d'aucun de ces établissements qui font la richesse de nos voisins... Je crois que le moment est venu de nous étendre au dehors; je crois qu'il ne faut plus perdre de temps, sous peine de voir les meilleures positions, rares déjà, successivement occupées. »

Mais, sachant que les Belges, trop longtemps enserrés dans leurs frontières étroites, avaient perdu de cet esprit d'initiative extérieure qui crée des établissements coloniaux, Léopold II prit tout sur lui et fit tout de lui-même.

« Tout ce que je demande à la nation, disait-il en 1861, c'est d'épier le moment favorable, c'est de se mettre en état, si la fortune lui fait des avances, de les saisir au bond, car il est rare qu'elles se représentent. »

La nation ne comprit pas tout d'abord la portée de ces paroles; aussi le roi, « par une politique d'observations intelligentes et de préparation insensible à l'action », s'avança-t-il tout seul dans l'arène et, vainqueur enfin après trente ans de lutte, remit à son peuple le trophée de sa victoire personnelle.

De son palais de Bruxelles, le roi suivait attentivement les efforts faits par les explorateurs qui, de 1854 à 1870, essayèrent de sonder les mystères africains. Tout ce qu'avaient découvert Livingstone, Speke, Grant, Schweinfurth lui était connu dans ses moindres détails. Le voyage de Stanley, parti à la recherche de Livingstone, fixa encore plus l'attention du souverain. Le mirage africain le fascinait, il sentait que là était la solution du problème poursuivi; aussi, sans perdre de temps, sans laisser à ses rivaux le temps de se reconnaître, il prit l'offensive en temps opportun.

Le 12 septembre 1876, il réunissait à Bruxelles une conférence internationale dans le but de supprimer la traite qui désolait en particulier l'Est africain. C'est, en effet, vers cette région de l'Afrique que se portaient encore tous les regards; Zanzibar paraissait à cette époque la base de pénétration rêvée. De ce congrès sortit « l'Association internationale pour l'exploration et la civilisation de l'Afrique centrale ». Chaque nation pouvait, du reste, former des comités spéciaux afin d'agir au mieux des intérêts de chacune d'elles. La Belgique, sous l'inspiration du roi, ne manqua pas de former le sien, qui dirigea dès 1877 la mission Cambier sur Zanzibar et le centre de l'Afrique, vers Karema. L'Angleterre n'avait pas fait mauvais accueil à l'idée émise et avait approuvé les plans qui lui étaient proposés. La plupart de ses hommes d'Etat considéraient, du reste, que les tentatives de colonisation dans le centre de l'Afrique étaient presque des chimères.

A la fin de 1877, le 12 novembre, le *Daily Telegraph* lançait une dépêche annonçant l'arrivée à Boma de Stanley. Celui-ci, à la suite d'une expédition remarquable, venait de traverser le continent noir de l'est à l'ouest, et, après avoir atteint le fleuve du Congo en avait reconnu toute l'importance, toute la valeur. Léopold II, qui « épiait les avances de la fortune », n'eut garde de laisser échapper cette occasion. L'Afrique était pénétrable par l'ouest, par un fleuve immense dont le bassin énorme recélait des richesses inépuisables. Le bassin, le roi le voulait : il l'aurait. Et il l'a eu.

Un facteur nouveau entrait donc dans la question africaine. Cette ligne de communication, autant que possible continue à travers l'Afrique, que la conférence de Bruxelles avait indiquée comme simple vœu, était trouvée. Il s'agissait de s'en emparer et de jeter du monde sur le grand fleuve équatorial. Sans perdre un instant, le roi élabora un plan d'action conforme à l'orientation nouvelle et, au moment où Stanley touchait en Europe, en janvier 1878, il rencontrait les délégués de Léopold II, chargés de lui annoncer le grand dessein qu'avaient fait éclore ses découvertes et de solliciter sa coopération (1). La grandeur, la hardiesse et la nouveauté du plan n'étaient pas faits pour déplaire à l'intrépide explorateur. Il accepta.

Sous le titre de comité d'études du Haut-Congo, avec le roi comme président d'honneur et le colonel Strauch comme président, fut créée à Bruxelles, le 25 novembre 1878, une association destinée à remplacer l'association internationale. Sous ses auspices, Stanley reprenait le chemin de l'Afrique avec des instructions secrètes en vue d'établir sur ces

(1) Stanley, *Cinq années au Congo*, pages 15 et suivantes.

terres inconnues, qui s'étendaient le long des rives du Congo et de ses affluents, une sorte de confédération nègre, une république de noirs libres, sauf cette réserve que le roi, à qui en reviendraient la conception et la création, en nommerait le président, lequel résiderait en Europe... Une confédération ainsi formée pouvait, de sa pleine autorité, accorder des concessions à des sociétés pour la construction de travaux d'utilité publique, émettre des emprunts et exécuter elle-même les travaux publics.

Stanley s'acquitta de sa mission. Ce fut une époque héroïque, celle où alternaient à Bruxelles toutes les craintes et toutes les espérances, pendant que les pionniers du roi en Afrique procédaient à la conquête méthodique et pacifique d'un monde.

Le comité d'études du Haut-Congo, qui n'était qu'une forme provisoire ou transitoire, prit le titre d'Association internationale du Congo et s'érigea en une sorte d'Etat, ayant un pavillon spécial, quand les traités passés et l'étendue de la zone découverte donnèrent une base solide aux aspirations de la société, ou plutôt de Léopold II.

L'Angleterre avait suivi d'un œil attentif ce qui se passait au Congo, mais son scepticisme ne s'en était pas troublé. Elle pensait que le roi des Belges, avec ses faibles ressources, serait bientôt en peine de supporter le poids de « son éléphant africain ». L'expérience tentée l'intéressait comme l'action d'un dilettante amuse la galerie qui espère et escompte la chute définitive.

Mais lorsque le futur Etat eut pris corps; que la

France, à la suite des explorations de M. de Brazza, se fut émue des progrès effectués par les Belges dans le bassin du grand fleuve africain, l'Angleterre changea un peu d'attitude. De l'indifférence, elle passa à l'action, action indirecte d'abord, en poussant le Portugal à revendiquer les droits qu'il pouvait avoir sur l'embouchure du Congo. Le 26 février 1884, la Grande-Bretagne signait en effet, avec le Portugal, un traité reconnaissant la souveraineté de cette dernière puissance sur le littoral et les deux rives du Congo jusqu'à Noki. C'en était donc fait de l'entreprise belge, qui allait se trouver cernée, sans débouchés directs sur la mer et dépendant du Portugal. Mais le roi des Belges veillait. Par des déclarations humanitaires, il réussit à faire reconnaître le 10 avril, par les Etats-Unis, l'Association comme un Etat indépendant. Quelques jours plus tard, il obtenait l'agrément de la France, à la suite d'un accord qui donnait à la France un droit de préemption en cas de non-réussite de l'Association. Enfin, par une diplomatie habile, il intéressa le prince de Bismarck aux destinées de son œuvre : le gouvernement allemand invitait, en effet, au mois d'octobre 1884, les puissances européennes et les Etats-Unis à une conférence qui se réunirait à Berlin et qui aurait à s'occuper en particulier de la liberté du commerce et de la navigation dans les bassins des fleuves internationaux, Congo et Niger, et des formalités à remplir pour préciser l'occupation des territoires libres de l'Afrique. L'acte général élaboré à cette conférence fut signé le 26 février 1885.

Le jour même, l'Association internationale du Congo adhéra à cet acte. L'Etat indépendant était formé et reconnu. Le roi Léopold en devenait le chef. Assumant deux royautés distinctes, l'une constitutionnelle, l'autre absolue, ce souverain sut admirablement jouer les deux rôles et amener les deux Etats, par des marches parallèles, à s'entr'aider, se secourir, sans jamais confondre leurs intérêts.

Le Congo reconnu en tant qu'Etat, il fallait le conquérir, le pacifier et l'organiser. Pour cela, beaucoup d'argent était nécessaire; le roi y consacra sa fortune et, quand celle-ci fut devenue insuffisante, il demanda à la Belgique l'aide de ses capitaux. Les Belges, peut-être, ne comprirent pas du premier coup où leur souverain voulait les conduire. Eux si économes, si entreprenants chez eux, ne prévoyaient pas la richesse de ce bassin immense qu'arrose le Congo, et n'osaient suivre le roi Léopold dans ses vastes pensées africaines. Cependant, sans l'intervention gouvernementale, sans les capitaux nécessaires, la débâcle aurait été certaine, irrémédiable, et, de l'autre côté des frontières maritimes ou terrestres, des concurrents étaient tout prêts à se substituer au souverain belge.

Ce ne fut pas une des moindres difficultés que le roi eut à vaincre que d'amener son peuple à le comprendre. Il le convainquit en lui montrant que le but poursuivi n'était pas égoïste et personnel. La meilleure preuve qu'il en donna fut de léguer, en 1889, par testament, le Congo à la Belgique, c'est-à-dire de donner à son pays un vaste territoire quatre-vingts fois plus grand que celui-ci. Mais le roi Léopold alla encore plus loin en juillet 1890 : il concéda à la Belgique le droit de s'annexer l'Etat indépendant dans un délai de dix années, avec tous les biens, droits, avantages et obligations attachés à la souveraineté. Ainsi, le droit de préemption, reconnu à la France en avril 1884, était subordonné à celui de la Belgique. Nous ne protestâmes pas alors, car il était juste de reconnaître ainsi les sacrifices faits par notre voisine. Mais il est à remarquer que, si de la sorte nous n'avions plus qu'une sorte d'hypothèque de second rang, cette hypothèque subsistait et subsiste toujours.

Même avec les ressources obtenues, l'Etat indépendant n'aurait pu accomplir son œuvre civilisatrice et colonisatrice; l'acte général de Berlin lui interdisait, en effet, de percevoir des droits de douane. Le roi fut assez habile pour faire rapporter cette clause, en prétextant qu'elle le mettait dans l'impossibilité de réprimer la traite, objet principal de la conférence de Bruxelles en 1890. Ainsi, le motif humanitaire servait, après lui avoir créé l'existence officielle, à donner à l'Etat indépendant les ressources nécessaires à cette existence.

Alors commença véritablement l'ère de la conquête qui devait amener fatalement le règlement des questions de frontières. L'expédition de Van Kerkhoven ayant atteint Ouadelaï en juillet 1892, le roi demanda à la France une modification à la limite des possessions congolaises et françaises dans le haut Oubanghi. Notre gouvernement n'ayant pas cru devoir régler cette question, l'Etat indépendant traita directement avec l'Angleterre, à l'insu de la France. Alors fut conclue, entre la Grande-Bretagne et le roi Léopold, la convention du 12 mai 1894 dont les principales clauses étaient les suivantes :

1. — L'Angleterre donnait à bail, à l'Etat indépendant, un territoire qui touchait au Nil.

2. — L'Etat indépendant donnait à l'Angleterre une bande territoriale, large de 25 kilomètres, depuis le port le plus septentrional du Tanganyika jusqu'au lac Albert-Edouard. Cela permettait à la Grande-Bretagne de réunir ses colonies africaines du nord au sud.

3. — L'Angleterre reconnaissait comme appartenant à la sphère d'influence de l'Etat du Congo le territoire compris entre la frontière nord-orientale de cet Etat et la ligne de partage des eaux entre le Nil et le Congo.

Cette convention faisait sortir l'Etat du Congo des limites conventionnelles qui lui avaient été fixées par l'acte de Berlin, sans l'assentiment des signataires de cet acte. Elle interdisait au Congo français toute extension de territoire vers l'est et le nord-est, en particulier dans le bassin du Nil. Elle imposait au domaine allemand de l'Est africain le voisinage de l'Angleterre, ce qui enlevait à l'Allemagne toute possibilité d'extension vers l'ouest dans le cas d'une liquidation des territoires de l'Etat indépendant. Elle lésait les droits de l'Egypte, et par conséquent de la Turquie, en aliénant le Soudan égyptien qui lui appartient en droit.

L'Allemagne, la France, la Turquie protestèrent. Le Parlement français vota d'urgence 1.800.000 francs pour renforcer les postes du haut Oubanghi. Ces mesures produisirent immédiatement leur effet. L'Angleterre commença par donner satisfaction à l'Allemagne en renonçant au couloir de 25 kilomètres entre les lacs Albert-Edouard et le Tanganyika. Elle espérait ainsi pouvoir traiter plus facilement avec le gouvernement français; mais celui-ci crut préférable de s'adresser au souverain de l'Etat indépendant. Ce dernier traita donc avec la France directement et, le 4 août 1894, la convention définitive fixant les frontières était signée entre les deux Etats.

× ×

Pendant que le roi Léopold continuait à diriger l'exploration et l'occupation méthodique de son domaine, il ne perdait pas de vue l'intérêt de la Belgique. Après avoir prouvé au monde que le souverain d'un petit Etat pouvait, à l'aide de sa clairvoyance, de son énergie, de sa diplomatie, acquérir un empire africain, il voulait maintenant persuader son peuple, le convaincre de la grande loi coloniale qui régit le monde, et lui faire accepter comme colonie cet Etat indépendant qu'il avait fondé. Ce ne fut pas tâche aisée, car ce n'est qu'en 1908 que le Parlement belge finit par voter l'annexion du Congo.

Différentes tentatives avaient cependant été faites, inspirées par le roi. En juillet 1894, l'article 1er de la constitution belge est revisé en y introduisant un paragraphe dans lequel il est question de colonies, de possessions d'outre-mer ou de protectorats que la Belgique pourrait acquérir.

L'année suivante, le gouvernement présente un projet de loi tendant à annexer l'Etat indépendant; ce fut un échec complet qui provoqua même la démission du ministre des affaires étrangères.

En 1901, le roi Léopold écrivait à M. Woeste une lettre dans laquelle il rappelait, en les confirmant, les dispositions prises en 1889. Cette même année, un projet de loi coloniale fut établi, mais aucune discussion ne s'ensuivit.

Enfin, en décembre 1907, M. de Trooz déposa, sur le bureau de la Chambre des représentants, un traité d'annexion du Congo à la Belgique. C'est ce traité qui, modifié surtout en ce qui concernait le domaine de la couronne, fut voté finalement en 1908, après des discussions longues et passionnées. Il n'aurait peut-être pas été accepté, même à cette époque tardive, si deux successions de faits, bien différents du reste, n'avaient permis de faire pression sur l'opinion publique.

En premier lieu, l'Etat indépendant était devenu, au point de vue commercial, un élément puissant de prospérité pour la Belgique. Celle-ci occupait, et de beaucoup, une situation prédominante dans les transactions du Congo. En 1906, sur 58.477.000 francs aux exportations, la part de la Belgique avait été de 54.305.000 francs, et sur 21.478.000 francs aux importations, elle en avait accaparé 15.285.000. De la sorte, 69 millions et demi revenaient à ce pays sur un total d'affaires de 80 millions. Anvers, grâce au Congo, était passé un port de premier ordre, le plus important du monde pour le commerce du caoutchouc et de l'ivoire. Les relations entre les deux pays devenaient chaque jour plus intimes, plus nombreuses et plus profitables.

Cette situation n'était pas sans frapper l'esprit du peuple belge, qui, petit à petit, devant les résultats obtenus en si peu de temps — et, il faut le dire aussi, avec si peu de ressources — comprit que le Congo serait, pour la puissance qui le posséderait et saurait en tirer parti, une source sérieuse de bénéfices. On finissait par admettre que l'annexion, en dehors de tout sentiment, serait une bonne affaire. Et, à ce moment cependant, le riche bassin minier du Katanga était à peine soupçonné. On ignorait encore la valeur de « ce nouvel Eldorado dont le nom sonore brille d'un tel éclat que l'immense région dans laquelle cette province est enchâssée est comme reléguée dans l'ombre » (1). Tel est le premier facteur qui engageait les Belges dans la voie de l'annexion.

En second lieu, des questions d'ordre international étaient venues prouver à la Belgique que, si elle ne voulait pas prendre le Congo, d'autres se montreraient moins difficiles et ne laisseraient pas échapper l'occasion de saisir une proie si belle. Au début de la formation de l'Etat indépendant, l'Allemagne, l'Angleterre et aussi quelque peu l'Amérique regar-

---

(1) Extrait du rapport du général baron Wahis, gouverneur général du Congo. (Cité dans le *Bulletin des Licenciés de Liège*, 4ᵉ trimestre 1911.)

daient cette entreprise comme vouée à la faillite. Mais, quand on vit que le roi Léopold surmontait les difficultés de toute sorte qui jalonnaient sa route, que le Congo commençait à vivre, on prit ombrage. La politique personnelle du souverain, l'énergie parfois trop dure de ses agents qui étaient obligés de faire beaucoup avec peu, fournirent des prétextes à des mécontentements d'abord, à des interventions ensuite.

Il était aisé de se rendre compte que ces tentatives d'immixtion ne provenaient pas seulement d'une idée humanitaire. Grâce à sa diplomatie, le roi maintenait la direction, continuait l'impulsion. Mais ce jeu dangereux pouvait-il durer longtemps ? Il eût été plus aisé de dépouiller un souverain de sa fortune personnelle que de prendre à un Etat constitué une colonie officiellement reconnue par les autres nations. La Belgique avait encore, de ce chef, tout intérêt, surtout comme Etat neutre, de s'approprier le Congo et d'en faire, d'un bien particulier, un bien national.

Ainsi, la question envisagée à ce double point de vue ne trouvait de solution que dans l'annexion.

Cette mesure, décidée par le Parlement, pouvait-elle détruire le droit de préemption qui nous avait été accordé en 1894, alors que l'Association internationale craignait d'être coupée de toute communication avec la mer par l'estuaire du Congo ? En 1895, lorsqu'il avait été question de l'annexion de l'Etat indépendant, M. Hanotaux, notre ministre des affaires étrangères, et M. d'Anethan, représentant de la Belgique, avaient étudié la question, et il en était résulté une convention en trois articles dans laquelle notre droit était expressément réservé. L'annexion n'ayant pas eu lieu, la convention n'avait d'objet que dans la reconnaissance du principe de préférence. Aussi fallut-il attendre que la Belgique eût définitivement pris à sa charge le Congo pour donner à cet accord toute sa portée. C'est ce qui fut réalisé le 23 décembre 1908, date à laquelle la France et la Belgique s'entendaient définitivement pour régler les questions de leurs possessions congolaises. De la convention, signée à cette époque et qui ne fut ratifiée par notre Parlement qu'au début de 1912, il résulte que la Belgique reconnaît à la France un droit de préemption sur toute l'étendue du Congo belge. Ainsi donc, la question est réglée conformément à nos intérêts et à nos droits précédemment acquis. Il faut reconnaître que, dans cette circonstance, les Belges ont agi avec beaucoup de largeur d'idées. C'était, il est vrai, une garantie éventuelle contre ceux qui, en Europe et en Amérique, créaient des difficultés à l'Etat indépendant; car cette reconnaissance les rejetait au rang d'héritiers éventuels du troisième rang. Nous leurs servions d'Etat-tampon. Maintenant, la question s'est un peu modifiée, et qui sait si la Belgique aurait en nous cette confiance si c'était à refaire ? Le traité du 4 novembre 1911, qui a prouvé que nous n'avions pu assurer l'intégrité de notre Congo, n'a-t-il pas porté préjudice à notre prestige de garants ?

× ×

Nous avons fait allusion, dans les pages précédentes, à certaines difficultés suscitées par l'Allemagne, les Etats-Unis, et surtout par l'Angleterre au souverain de l'Etat indépendant. Les événements qui les amenèrent étaient inévitables. Avec les faibles ressources dont on pouvait disposer pour conquérir et pacifier, il fallait employer des hommes énergiques, soigneusement choisis, qui, parfois, n'avaient que la liberté d'opter entre l'abdication ou la répression parfois farouche. Les Allemands, dans l'Est africain, au Kamerun ou dans le Sud-Ouest africain; les Anglais en Ouganda, au Soudan ou au Zululand, n'ont-ils pas souvent commis des actes que l'humanitarisme européen a sévèrement jugés ? Et, pourtant, les indigènes savaient que les puissances contre lesquelles ils se révoltaient jouissaient d'un grand prestige et étaient sérieusement armées.

Qu'auraient pu faire les quelques Belges disséminés dans le grand Congo pour le pacifier s'ils n'avaient pas agi avec fermeté et énergie ? Il fallait des hommes comme le baron Dhanis, comme les commandants Henry, Lothaire, Chaltin, qui, malgré les défections nombreuses et répétées des troupes indigènes qu'ils commandaient, ont réussi, en un temps relativement court, à réduire les tribus rebelles et à vaincre les esclavagistes et les derviches.

Sans doute, on ne peut excuser certaines cruautés, mais il n'est pas défendu de chercher à les expliquer. Les lois de la guerre, dans les pays barbares, sont souvent si inexorables qu'il faut se résigner à les appliquer dans toute leur férocité si on ne veut pas s'exposer à une cruauté d'autant plus grande que les victorieux sont moins civilisés. Mais est-ce bien seulement des raisons d'humanitarisme pur qui suscitèrent aux Belges des embarras internationaux ? L'affaire Stokes, celle de la caravane allemande pillée dans le Manyéma, celle de la délimitation du lac Kifu, — pour ne citer que celles-là, — eurent un grand retentissement. Est-ce seulement par raison d'humanité ? L'intérêt des nations étrangères n'y était-il pas quelque peu envisagé ?

Sans doute, l'administration du roi Léopold au Congo n'a pas été exempte de reproches. La façon pour ainsi dire trop commerciale de traiter l'affaire pour en tirer le plus possible de bénéfices — qui seuls pouvaient lui permettre de réaliser son but et d'aiguillonner le sens pratique et l'intérêt des Belges — fut sans doute une faute; mais n'était-ce pas une nécessité ? En matière coloniale, du reste, bien des nations en ont été et en sont encore réduites à ce système. Mais on ne leur dit rien à elles, parce qu'on les sait fortes et capables de se défendre contre leurs compétiteurs.

Pour le Congo, il n'en était pas de même. En Europe, qu'avait-il pour le défendre ? Le roi Léopold seul ! Pour tuteurs, cet Etat indépendant n'avait que ceux qui espéraient que l'enfant mourrait au berceau et qui, plus tard, voyant qu'il grandissait en dépit de tous les pronostics, enviaient son sort et désiraient l'adopter. Aussi, les moindres incidents d'une administration, dans bien des cas défectueuse, étaient-ils grossis à l'excès par ceux qui avaient intérêt à déprécier l'œuvre, afin de s'en emparer. Heureusement, au lieu de s'entendre, les compétiteurs se jalousaient mutuellement, et l'Etat indépendant put croître, protégé par ceux-là mêmes qui rêvaient sa perte.

× ×

L'Etat indépendant, devenu Congo belge, présentait aux puissances un aspect tout différent. Il était désormais la propriété de la Belgique, pays européen, reconnu neutre par les puissances européennes, et non plus la propriété d'un homme contre qui toutes les audaces étaient permises, sans violer par trop les traités internationaux. S'attaquer au roi Léopold, souverain de l'Etat indépendant, n'était pas, au sens strict du mot, s'attaquer à la Belgique et à sa neutralité. Maintenant, la question s'est modifiée, et, pour atteindre le Congo, il faudra non plus courber une seule tête, fût-elle royale, mais vaincre tout un peuple.

Le problème, plus difficile à résoudre que par le passé, n'a pas découragé les espérances de ceux qui ont rêvé et rêvent encore d'acquérir au Congo une situation prépondérante. Deux compétiteurs rôdent autour du Congo, qui deviendra sans doute, d'ici quelque temps, le champ clos de leur rivalité. Ce sont les Anglais et les Allemands.

A l'heure actuelle, les premiers ont un grand avantage sur les seconds au sud de ce territoire convoité, dans la partie la plus riche en minéraux. Déjà, en effet, les Anglais ont pris pied au Katanga, dans un rush superbe de voies ferrées, d'hommes et de capitaux. Un chemin de fer atteint la *Star of Congo*, et bientôt la locomotive entrera à Kambove, au cœur même du district minier. De là, les produits s'écouleront en territoire anglais jusqu'à Beira, port soumis de plus en plus à la puissance britannique. D'ici quelques années, une autre voie, construite par Robert Williams, réunira le Katanga à l'océan Atlantique par l'itinéraire le plus court. La Grande-Bretagne tiendra donc les deux portes de sortie de cette contrée magnifique qui, au dire des experts qui l'ont visitée, offre des perspectives d'avenir merveilleux. Elle jouit d'une situation acquise qu'il serait bien difficile de lui ravir.

Cependant, rien n'est capable de décourager les coloniaux d'Allemagne. A cause de l'heure tardive à laquelle ils sont apparus sur le continent noir, ils ne peuvent se prévaloir de travaux antérieurs. Ils n'ont pas d'ancêtres ni de portraits de familles africains, mais que leur importe ? Le passé ne compte pas pour eux; ils s'en bâtiront un, plus tard, lorsque leur épée leur aura donné un empire. Ils s'y emploient de leur mieux, ils réalisent le présent. Pour le Congo, ils ont habilement caché leur jeu. Qui aurait pu prévoir, il y a quelques années seulement, le désir qu'ils avaient de s'en emparer ? Certes, les Allemands escomptaient la faillite du roi Léopold et espéraient hériter en partie de ce domaine congolais.

Mais pouvait-on imaginer que le Kamerun deviendrait voisin du grand fleuve africain et que les tentacules germaniques iraient ramper sur les rivières du Congo et de l'Oubanghi ? Le traité du 4 novembre 1911 a été, pour beaucoup, un trait de lumière, car il a montré une intention, a souligné une menace qui pourtant se dessinait déjà dans une autre partie du domaine allemand, dans l'Est africain.

De ce côté, en effet, les Allemands sont aussi et depuis longtemps les voisins du Congo. Des voisins d'abord peu gênants, il est vrai, car leur occupation était assez sommaire. Mais, depuis quelques années, on travaille énergiquement à la voie ferrée qui part de Dar-el-Salam et atteindra l'année prochaine le lac Tanganyika. La locomotive arrive déjà à Tabora, et, quand elle viendra sur les rives du lac, le Congo sera diminué par les Belges de tout ce que les Allemands y apporteront ou en exporteront (1). Ainsi, au nord et à l'est, l'influence germanique se fera sentir et s'infiltrera avec une énergie méthodique et rude. Qu'adviendra-t-il alors ? Une simple poussée en Europe ne sera-t-elle pas de nature à désagréger cet Etat indépendant du roi Léopold ?

Anglais au sud, Allemands au nord, voilà les deux adversaires qui s'avancent à la rencontre l'un de l'autre et qui, avant qu'il soit longtemps, en viendront au contact immédiat dans le Congo comme dans beaucoup d'autres points du monde.

---

(1) Une société de transports sur le lac Tanganyika vient d'être créée en Allemagne.

Devant ce double péril, que peut faire la Belgique ? Se jeter entre les deux adversaires serait faire leur jeu et sortir amoindrie de la bataille. Lier son sort à l'un d'eux paraîtrait plus logique, mais exigerait sans doute des sacrifices que l'on ne pourrait refuser. Peut-être la solution serait de se rapprocher plus intimement de la troisième grande puissance africaine, de la France. Bien que nous ayons aggravé d'étrange façon la situation du Congo belge, il semble que seuls nous prenions intérêt à laisser le centre africain dans l'état actuel. Le droit de préemption que nous possédons nous fait une sorte de devoir moral de sauvegarder l'intégrité du Congo, et nos relations de voisinage en Europe avec la Belgique nous incitent à lui prêter appui. Nous avons commis des fautes sans doute, mais peut-être qu'une compréhension meilleure de notre politique africaine nous fera envisager notre devoir d'autre façon. Si nous n'y prenons garde, les Allemands tendent de plus en plus à joindre leurs deux possessions à travers le Congo belge et à réaliser cet empire transafricain que rêvent leurs coloniaux. Mais, alors, que deviendront nos domaines de l'Oubanghi et du Tchad, déjà si maltraités ? Ils nous échapperont de plus en plus et notre beau domaine équatorial ne sera plus qu'une fiction.

Mais, de même que la menace allemande qui atteint le Congo belge est partie de l'Europe, de même c'est en Europe que doivent se résoudre les nouveaux problèmes congolais. Si l'union d'action existe entre Paris et Bruxelles, il y a de grandes chances qu'elle se réalise à Matadi et Brazzaville. Problèmes européens et problèmes congolais sont liés indissolublement.

Il faut bien se rendre compte d'autre part que, si le désaccord existait, si grâce à lui l'Allemagne commençait à réaliser son rêve, il nous faudrait prendre l'attitude que dictent nos intérêts personnels dans le Congo. A moins de déchoir, à moins de compromettre d'étrange façon notre prestige africain, nous devrons intervenir et, alors, qui sait ce qu'il adviendrait de l'Etat indépendant ? Le jour où Anglais ou Allemands voudront y pénétrer, menaceront son intégrité, nous ne pourrons rester impassibles.

CONCLUSION

Au cours de cette étude, nous nous sommes efforcé de situer, en quelques mots rapides, les puissances européennes qui ont, à l'heure actuelle, des intérêts en Afrique, et nous avons essayé de prévoir la destinée de chacune d'elles. Certes, il est bien impossible de marquer l'avenir d'une façon certaine. Un choc violent en Europe suffirait à ébranler toutes les combinaisons que les diplomates avaient rêvées sur le continent noir. Mais, quoi qu'il en soit, on peut sans grande erreur, en basant son étude sur le développement économique des peuples, sur les nécessités de leur existence, sur les aspirations du sentiment populaire, prédire que la carte d'Afrique, telle qu'elle est, sera profondément remaniée d'ici une époque plus ou moins lointaine.

Parmi les puissances africaines, les unes sont appelées à disparaître; d'autres, au contraire, doivent chercher dans ce continent des extensions territoriales que les frontières d'Europe ne peuvent leur donner. Quel que soit le sentiment de pitié ressenti vis-à-vis de ceux dont la destinée fut brillante, la vie est ainsi faite que, leur tâche terminée, ils doivent passer à d'autres des territoires dont ils ne peuvent plus se servir, qu'ils sont incapables de défendre et d'exploiter. Comme sur les autres continents, les forts cherchent des proies, et ces proies sont les faibles d'abord et les timorés ensuite. Parmi les faibles, il en est qu'on peut dépouiller en pleine paix sous un prétexte quelconque, soit que l'on couvre ses ambitions d'une formule diplomatique, nommée bail à long terme, — échange où le fort ne donne presque rien au faible, rectification de frontières, etc., — soit que, sans s'embarrasser d'une convention hypocrite, on envoie quelques soldats planter le pavillon national sur le territoire convoité.

Il en est d'autres, au contraire, qui ne peuvent être traités de la sorte, parce que, en dehors de leur valeur personnelle, il existe des traités qui, en Europe, engagent la garantie des grandes puissances. Les colonies portugaises, convoitées, ainsi que nous l'avons vu, par l'Angleterre et l'Allemagne, ne sont pas de celles qui peuvent rester dans les mains de leur possesseur actuel. Un jour viendra où l'Angola et le Mozambique seront partagés entre les compétiteurs qui, déjà, ont établi en leur faveur soit des courants commerciaux, soit des voies ferrées dans les zones attribuées par conventions entre les copartageants éventuels. Que pourrait faire le Portugal, amoindri par des luttes intestines, aux finances obérées, le jour où l'Angleterre et l'Allemagne voudront, moyennant une somme à débattre, prendre possession de ses territoires africains ? Il n'y aurait sans doute même pas le semblant de résistance opposée en 1890 à l'invasion du Mashonaland et du Matabeleland par les pionniers de Cecil Rhodes. Il est donc possible de prévoir le temps où les deux provinces portugaises changeront de maître et seront réparties entre la Grande-Bretagne et l'Allemagne. Dans quelles proportions ? Cette question, facile à résoudre lors de la signature de la convention de 1898 entre les deux grandes puissances, est maintenant plus délicate. Les données du problème se sont en effet modifiées, non du côté du Mozambique, où le Zambèze peut délimiter les prétentions, mais dans l'Angola, où le voisinage du Congo et du Katanga a changé les points de vue. Du côté de l'Allemagne, les aspirations manifestées vis-à-vis de la colonie belge pourraient faire croire que la partie nord de l'Angola lui conviendrait. Elle aurait ainsi le débouché du grand fleuve africain sur les rives duquel elle a déjà pris pied au travers de nos possessions. Et, d'un autre côté, elle ne serait pas fâchée de donner, vers le Nord, un peu d'aise à son Sud-Ouest africain.

Quant à l'Angleterre, elle ne peut, désirant avoir en quelque sorte le monopole de l'exploitation au Katanga, laisser la Robertsia aux mains d'une autre grande puissance. Ces prétentions, ou plutôt ces aspirations, sont-elles incompatibles ? Non, sans doute. Mais il faudrait s'entendre à nouveau, et c'est là le point délicat. Le gouvernement de Londres, pour maintenir sa théorie de gouvernement, ne peut aspirer au partage immédiat. Il n'en a du reste pas besoin, jouissant déjà par avance de la majorité des avantages que le démembrement lui assurerait. A Beira et à Lobito, il est presque comme chez lui. Soulever une question de cette importance à une époque où la rivalité des deux grandes puissances commerciales et maritimes est à un haut degré de tension, serait peut-être attiser des ferments qui somnolent sur bien des points du globe. Une fois prise dans l'engrenage des conventions, l'Angleterre pourrait-elle limiter leur objet ? A rouvrir la question africaine prématurément, elle n'aurait peut-être rien à gagner et beaucoup à perdre. C'est dans cet état des rapports entre Londres et Berlin que le Portugal trouve la meilleure sauvegarde de ses colonies.

L'Allemagne, au contraire, semble désireuse de précipiter les événements. Ses succès au Congo français l'engagent à mordre toujours davantage au continent noir. Ses coloniaux, avec une grande discipline, poursuivent le projet grandiose d'un empire colonial dans l'Afrique équatoriale. Ses commerçants préparent déjà les voies en prenant pied partout où ils le peuvent, en s'intéressant aux affaires même anglaises, en achetant des concessions un peu partout.

Mais, pour arriver à leurs fins, ce ne sont plus seulement les possessions portugaises qu'ils convoitent : c'est aussi et surtout la majeure partie du Congo belge.

Cette question du Congo est beaucoup plus grave que celle de l'Angola ou du Mozambique, car elle doit mettre en présence non seulement l'Allemagne, l'Angleterre et la Belgique, mais encore la France avec ses droits de préemption et aussi les autres puissances signataires de l'acte de Berlin et de la convention de Bruxelles. Pour la résoudre, il faut retourner en Europe et sur les champs de bataille européens, car un conflit armé seul peut les faire aboutir. Depuis quelque temps on sent dans l'air comme un vague relent de poudre; on voit parfois briller un scintillement d'acier; les peuples s'agitent, frémissent; la guerre est partout, en attendant qu'elle soit quelque part. C'est d'elle que dépendra le sort de l'Afrique. Que l'Allemagne sorte victorieuse, elle prendra ce qu'elle voudra et la volonté de la Belgique, pas plus que celle de la France et de l'Angleterre, ne pèsera pas lourd dans ses décisions. Si elle est vaincue, alors sa puissance africaine sera sans doute très amoindrie; la France reprendrait au moins ce que le traité de 1911 lui a fait perdre, et l'Angleterre pourrait relier ses territoires du nord et du sud, en écartant l'Allemagne des grands lacs.

En attendant cette échéance, il peut être intéressant de voir quelle doit être la politique coloniale de la France en Afrique. Ainsi que nous l'avons indiqué, notre pays doit s'intéresser de plus en plus à son domaine africain. Elle peut le garder et le défendre : elle en tire déjà des ressources importantes; elle y trouve aussi des hommes qui sont appelés, petit à petit, à suppléer dans ce continent les déficits causés par la stérilité française. Si nous voulons, si notre gouvernement est conscient, plus que par le passé, des ressources immenses que procurera l'Afrique, personne ne sera capable de nous déloger des possessions que nous y avons. On ne pourrait en dire autant de ces colonies lointaines qui absorbent les capitaux et les forces vives de la France. Ce sont autant d'épées de Damoclès dont nous sommes incapables de renforcer l'attache fragile.

Il est permis de concevoir une France agrandie et formant un tout compact de Dunkerque au fleuve du Congo, sans coupures, sans enclaves, dominant les rives méridionales et septentrionales de la Méditerranée occidentale, qui serait un lac français et formerait un trait d'union harmonieux entre nos domaines d'Europe et ceux d'Afrique. L'un serait défendu par les forces françaises, l'autre par les contingents indigènes encadrés par nos nationaux. Une flotte de guerre puissante nous assurerait toujours, à nous et à nos amis, la libre disposition des eaux méditerranéennes et nous permettrait, s'il le fallait, de modifier l'équilibre de nos forces soit en Europe, soit en Afrique. Une flotte commerciale rénovée amènerait la liaison économique entre les deux Frances, et les transports d'Afrique en Europe formeraient la base de notre richesse maritime. Certaines du lendemain, les compagnies pourraient alors se lancer à travers le monde entier sans avoir des itinéraires aux points de relâche forcés et souvent improductifs, lutter de vitesse et d'audace avec leurs concurrents étrangers, et, grâce à la situation bien établie de la France, acquérir la faveur des marchés extérieurs.

Cet idéal, que nous devons poursuivre, ne semble pas au-dessus de nos forces et des réalités de l'heure présente. L'Angleterre voudrait de l'océan Indien faire un lac anglais. Pourquoi ne pas l'y aider en échangeant ce qu'il nous faudrait en Afrique contre ce qu'elle désire en Asie ? Elle acquerrait ainsi un empire superbe dont les forces toujours grandissantes des Indes, de l'Australie et de l'Union sud-africaine garantiront l'intégrité. Et nous, par le fait même, possédant tout le bassin du Niger, pouvant relier directement nos possessions du Tchad avec celles de l'Afrique occidentale, sans emprunter pour nos ravitaillements le territoire étranger, nous serions les maîtres de tout le nord-ouest du continent noir.

Quant aux possessions allemandes, qui sont pour nous une gêne plutôt qu'un obstacle, le temps accomplirait son œuvre. Une concurrence commerciale habilement conduite, une diplomatie avisée qui saurait profiter des moments de lassitude ou saisir au vol un désir exprimé, concernant en particulier la nouvelle route de Panama, pourraient amener la conclusion d'accords favorables à notre cause et favorables aussi aux tendances mondiales de nos voisins. Le problème serait plus difficile de ce côté, mais ne paraît pas insoluble.

L'Afrique française une et unie, voilà le but qu'il faut poursuivre, voilà l'effort qu'il faut entrevoir pour les générations futures. Ainsi on rendra à notre patrie, un peu fatiguée par des luttes séculaires et par une civilisation trop généreuse, une existence nouvelle, une vitalité nouvelle et de nouveaux espoirs.

TABLE DES MATIÈRES

Paris et Limoges. — Impr. et libr. milit. Henri CHARLES-LAVAUZELLE.

Librairie Militaire Henri CHARLES-LAVAUZELLE

PARIS & LIMOGES

Général BRUNEAU, commandant la 33e division d'infanterie. — **Paroles d'un soldat.** Volume in-18 de 302 pages. 3 50

Commandant B***. — **L'antimilitarisme.** *Causes et dangers*, d'après les discours de M. le général BRIALMONT à la Chambre des représentants belges. In-8o de 32 pages......... » 75

Colonel BIDAULT. — **Les armées anciennes et les armées actuelles.** In-8o de 252 p., avec 10 croquis et 2 planches. 4 »

Colonel ARTHUR BOUCHER. — **L'armée idéale.** Grand in-8o de 314 pages, avec 4 croquis........................ 5 »

Général F. MARAZZI. — **L'armée de l'avenir.** Traduit de l'italien par le capitaine MAUREL, breveté d'état-major. In-8o de 478 pages.................................... 6 »

PIERRE BAUDIN. — **Notre armée à l'œuvre.** *Aux grandes manœuvres de* 1908. In-18 de 186 pages, avec 2 croquis et 1 carte [illegible]on des manœuvres.................. 3 »

Colonel [illegible] — **Notre armée critiquée.** *Réponse. Principes*[illegible] 224 pages........................ 3 50

Colonel LEBAS. — **Réformes militaires.** *Loi des cadres et effectifs. Haut commandement. Etat-major. Recrutement des officiers. Projet de loi.* Préface de M. le général BAZAINE-HAYTER. In-8o de 352 pages......................... 5 »

Général DEVAUREIX. — **Vieille routine.** In-18 de 90 p. 1 50

Colonel F. ROBERT. — **Réformes nécessaires.** In-8o de 200 pages.. 4 »

CH. HUMBERT, sénateur. — **Chinoiseries militaires.** In-18 de 402 pages....................................... 3 50

EDUARDO GARCIA-MANSILLA. — **Tolstoï et le communisme.** Préface de Jules CLARETIE, de l'Académie française. In-8o de 254 pages................................ 3 50

Lieutenant ROBERT JACOMET, docteur en droit. — **La guerre et les traités.** *Etude de droit international et d'histoire diplomatique.* Préface de M. Léon BOURGEOIS. Grand in-8o de 188 pages....................................... 5 »

Général DRAGOMIROF. — **La guerre et la paix,** étude du roman de Tolstoï au point de vue militaire. In-8o de 160 pages....................................... 2 »

Capitaine PAUL SIMON, professeur du cours d'éducation des troupes à l'Ecole spéciale militaire. — **La discipline moderne.** *Puissance militaire et démocratie. L'éducation militaire et l'éducation de la démocratie. La discipline moderne et l'éducation des troupes.* In-8o de 88 pages.......... 1 50

www.ingramcontent.com/pod-product-compliance
Ingram Content Group UK Ltd.
Pitfield, Milton Keynes, MK11 3LW, UK
UKHW031846260826
14628UKWH00002B/617

9 782013 380638